Die rechtliche Stellung des Angeklagten

nach den Protokollen

der Kommission für die Reform des Strafprozesses.

Von

Dr. Hugo Heinemann,

Rechtsanwalt in Berlin.

Berlin 1906.

J. Guttentag, Verlagsbuchhandlung,

G. m. b. H.

Sonderabdruck
aus der „Zeitschrift für die gesamte Strafrechtswissenschaft"
Band XXVI Heft 4/5.

Inhalt.

	Seite
Einleitung	5
Das Vorverfahren	8
Die Rechte der Verteidigung	18
Die Untersuchungshaft	21
Der Schutz der Belastungszeugen in der Hauptverhandlung	29
Der Umfang der Beweisaufnahme in der Hauptverhandlung	34
Das summarische Verfahren	41
Das Geschworenengericht	47
Die Berufung	55
Schluß	58

Einleitung.

Die Protokolle der Kommission für die Reform des Strafprozesses liegen seit einigen Monaten im Druck vor, und wir sind in die Lage versetzt, die gutachtlichen Vorschläge für die in Aussicht genommene gesetzgeberische Aktion kritisch zu würdigen. Das Verdikt muß ein durchaus verurteilendes sein. Ganz abgesehen zunächst von den Resultaten, zu denen die Kommission gelangt, läßt sich eine in wissenschaftlicher und technischer Beziehung unbefriedigendere Leistung kaum denken. Nirgends finden wir eine Behandlung im großen Stil. Mag eine einzelne Ausführung den Volksanschauungen in einer bestimmten Frage entgegenkommen oder ihnen widerstreiten, von kleineren, engherzig-bureaukratischeren Gesichtspunkten aus als geschehen, läßt sich die betreffende Frage kaum behandeln. Wir trauen unseren Augen nicht, wenn wir die Worte Lindenbergs in der deutschen Juristenzeitung[1]) lesen, daß die Protokolle ein Bild von der eingehenden Geistesarbeit und dem fruchtbringenden Meinungsaustausche der Praktiker und der Vertreter der Wissenschaft geben. Man ist wirklich sehr bescheiden geworden und stellt an die Geistesarbeit der heutigen Juristengeneration recht geringe Ansprüche, wenn man die von der Kommission gelieferte Arbeit als eine wissenschaftlich und praktisch bedeutsame Leistung feiert. Das Volk scheint allerdings, wie die höchst instruktiven Verhandlungen des bayerischen Landtags von Ende November v. J. beweisen, weniger bescheiden zu sein, und nicht dulden zu wollen, daß die Vorschläge der Kommission zur Grundlage eines Gesetzgebungswerkes gemacht werden, welches tief in das Leben, die Ehre, die Freiheit und das Vermögen des Einzelnen eingreift. Wie turmhoch stehen die Materialien zu den Reichsjustizgesetzen aus den siebziger Jahren, wie turmhoch selbst alles, was im Reichstag und in der von ihm eingesetzten Kommission bei Beratung der lex Rintelen gesprochen worden ist, über

---

[1]) vom 1. Juli 1905 S. 615.

demjenigen, was uns an gesetzgeberischen Mitteln die Versammlung der Sachverständigen vorzuschlagen hat!

Dieser Mangel der Protokolle der Kommission ist umso weniger zu verzeihen, als im Anschluß an die von den verbündeten Regierungen im Laufe der neunziger Jahre gemachten Abänderungsvorschläge der Reichsstrafprozeßordnung eine Anzahl größte Beachtung verdienender Abhandlungen und Artikel erschienen sind, welche mit klarem praktischen Blick und feinem wissenschaftlichen Verständnis die Mängel unseres Strafverfahrens klargelegt und geeignete Mittel zur Abhilfe vorgeschlagen haben. Hierhin gehören in erster Linie die Arbeiten von von Bülow, Aschrott, Köhne, von Bar und Mamroth. Die Kommission hat den Inhalt sowohl dieser Schriften, als auch des zu der gleichen Zeit erschienenen Meisterwerkes Bindings: „Der Entwurf eines Gesetzes betreffend Änderungen und Ergänzungen des Gerichtsverfassungsgesetzes und der Strafprozeßordnung" ignorieren zu dürfen geglaubt. Die meisten andern haben aus dieser Schrift trotz seiner oft nur andeutenden Kürze höchste, ewig geltende gesetzgeberische Weisheit geschöpft.

Vollends an Wert verlieren die Arbeiten der Kommission dadurch, daß in grundlegenden Fragen der Zufall entschieden hat, ob dieses oder das entgegengesetzte Resultat sich schließlich ergeben hat. So ist die entscheidendste Frage, ob das Grundrecht des Angeklagten, daß die von ihm herbeigeschafften Beweise erhoben werden müssen, beibehalten werden soll, mit 9 gegen 9 Stimmen verneint worden, wobei die Stimme des Vorsitzenden den Ausschlag gab. Ein solches Votum kann natürlich auf die gesetzgebenden Faktoren auch nicht den allergeringsten Eindruck machen, da es die vollkommenste Uneinigkeit der Sachverständigen gerade da zeigt, wo es sich um das Wohl und Wehe des Angeklagten handelt. Ähnlich stellte sich das Stimmverhältnis bei der Kollusionshaft und anderen grundlegenden Fragen.

Was die Tendenz der Reformvorschläge anbetrifft, so sind, abgesehen von wenigen unbedeutenden Verbesserungen und dem einzig wirklichen Fortschritt des Wegfalls des § 380 StPO., alle die Vorschriften und Einrichtungen des geltenden Rechts beibehalten worden, welche dazu beigetragen haben, das Mißtrauen des Volkes gegen das Strafverfahren zu rechtfertigen. Nirgends finden wir eine Aufstellung durchgreifender Reformvorschläge da, wo sich wirklich der rückständige Geist der bestehenden Strafprozeßordnung offenbart hat und Abhilfe daher erforderlich ist. Die Kommission geht aber weit darüber hinaus.

Sie unternimmt in umfassendstem Maße eine volle Entrechtung des Angeklagten unter erheblicher Verschlechterung des geltenden Rechts. Von dem Entwurf von 1895 schrieb Binding die prachtvollen Worte:

„Der Geist, der ihn durchweht, ist der Geist der Strafrechtspflege zur Zeit des sinkenden Inquisitions-Prozesses, dessen zwei Grundrichtungen zu bezeichnen sind als die prozessuale Rücksichtslosigkeit gegen den Verdächtigten, der vor dem Urteile schon zum Schuldigen gestempelt wird, und als die Gleichgültigkeit gegen die Gerechtigkeit des Strafurteils; die Verurteilung zu erzielen, ist an sich ein Triumph.

Deshalb ist es nur einfache Folge der echtreaktionären Grundströmung, daß der Entwurf erfüllt ist von Feindschaft gegen die akkusatorische Form des Verfahrens, besonders gegen die unverschränkte Parteistellung des Angeschuldigten, und daß er bestrebt ist, soweit er vermag, unseren Prozeß dem verrotteten schriftlichen Inquisitionsverfahren anzunähern.

Nur in einem weicht die Tendenz des Entwurfs von der des alten Inquisitions-Prozesses ab: im Tempo! Während die Inquisitions-Prozesse sich endlos hinschleppten, huldigt der Entwurf einer überstürzten Abmacherei und Abschlachterei der Strafsachen, wie sie verwüstender kaum gedacht werden kann".

Diese Worte treffen in vollem Maße auch auf die Kommissionsbeschlüsse zu. Nur liegt bei ihnen die Sache noch sehr viel schlimmer. Der frühere Regierungsentwurf beseitigte aus der grundfalschen Erwägung heraus, daß man es mit den Schutzmaßregeln für den Angeklagten nicht allzu ängstlich zu nehmen brauche, wenn die Möglichkeit einer Korrektur des falschen Urteils in der Berufungsinstanz gegeben sei, ganz offen und freimütig wesentliche, den Bürger vor der Übermacht der Justizbureaukratie schützende Rechtsgarantieen. Die Strafprozeßkommission geht dagegen weit weniger ehrlich vor. Sie macht fast überall einige Scheinkonzessionen, greift ein paar Schlagworte auf und drückt danach dem einen oder anderen Institut ein Etikett mit einer populären Bezeichnung auf, um das Vertrauen des Volkes zu gewinnen, während materiell, sobald man den Vorschlägen die Maske herunterreißt, alles getan ist, um die Befugnisse der Justizbehörden auf Kosten des Anspruchs des Einzelnen auf genügenden Rechtsschutz zu verstärken und das, was an Verteidigungsmöglichkeit dem Angeklagten nach der geltenden Strafprozeßordnung verblieben ist, ihm zu rauben. Wenn die Sache nicht so außerordentlich ernst wäre, würde es eine Art von Vergnügen bereiten, dieses Verfahren bei jeder einzelnen der behandelten Materien nachzuweisen. Da dies jedoch hier nicht möglich ist, so sollen nur die wichtigsten Punkte, in denen die Kommission eine Rückwärtsrevidierung unserer Strafprozeßordnung vornimmt, erörtert werden.

Das Vorverfahren.

Die Regelung, welche die Hauptverhandlung in unserer geltenden Strafprozeßordnung erfahren hat, muß im großen und ganzen durchaus gebilligt werden. Dem Gesetze liegt der Gedanke zu grunde, hier die Achtung vor der Gleichberechtigung beider Parteien bis in alle Konsequenzen durchzuführen. Um so größer aber sind die Mängel des Vorverfahrens. Allerdings aber trifft auch hier wieder, wie so häufig, die Hauptschuld weniger das Gesetz, als die es handhabenden Personen. Der Grundgedanke des Gesetzes, daß das geheime inquisitorische Vorverfahren mit dem Moment des Beginnes der Hauptverhandlung seine Bedeutung zu verlieren habe und lediglich in und auf Grund der mündlichen kontradiktorischen Hauptverhandlung über die Schuld des Angeklagten zu entscheiden sei, ist von der Praxis oft vollkommen in sein Gegenteil verkehrt. Nur scheinbar wird vielfach, wenigstens in Preußen, das Urteil auf Grund der Ergebnisse der mündlichen Verhandlung gefällt. Entscheidend sind in Wahrheit die Protokolle des Vorverfahrens, aus denen sich der Vorsitzende und der Referent ihre Meinung fest gebildet haben. Auf diese in Preußen zumeist von unzulänglich vorgebildeten, naturgemäß vielfach im Sinne der Anklage interessierten Polizeibeamten aufgenommenen Protokolle bleibt der Zeuge festgenagelt. Selbst wenn er mit Entschiedenheit dabei beharrt, daß er die Richtigkeit des Protokolls nicht anerkennen könne, daß der Angeklagte nicht der Täter sei oder daß der Vorgang sich anders abgespielt habe, so hat das Gericht — gewiß nicht immer, aber in ungezählten Fällen — keinen Zweifel, daß die jetzt gemachte Aussage unwahr sei und gründet auf diese Überzeugung seinen Urteilsspruch.

Die Rechtsprechung hat noch ein Übriges getan, um dem Geist des Vorverfahrens den Einzug in die Hauptverhandlung zu verstatten.

Man hört einfach den Untersuchungsrichter oder die Polizeibeamten, welche die Zeugen und den Angeklagten im Vorverfahren vernommen haben, als Zeugen, und rekonstruiert so den Eindruck des Vorverfahrens gegenüber dem Ergebnis der Hauptverhandlung. Für den Angeklagten ist damit der denkbar nachteiligste, für die Wahrheitsermittelnng der denkbar gefährlichste Zustand geschaffen. Die Praxis hat sich an das vom Reichsgericht als zulässig anerkannte Verfahren, schrankenlos alle Ermittelungen des Vorverfahrens dem erkennenden Gericht vorzuführen, so gewöhnt, daß sie ganz die Empfindung dafür verloren hat, wie vollkommen hier der gesetzliche Grundgedanke vereitelt wird und die geheime schriftliche Vorermittelung die unmittelbare mündliche Verhandlung ersetzt. Es gibt kaum noch einen großen, sogenannten Sensationsprozeß, in dem nicht plötzlich Polizeibeamte und Untersuchungsrichter aus der Versenkung auftauchen, um zu erklären, was der Zeuge im Vorverfahren ausgesagt, wie er es bekundet und welchen Eindruck er dem protokollierenden Beamten dabei gemacht hat. Diese Erörterungen haben neuerdings oft einen so breiten Raum in der Verhandlung eingenommen, daß man glauben konnte, zur Beurteilung stehe nicht die Frage, was der Angeklagte getan hat, sondern welche Bekundungen die Zeugen im Vorverfahren über die Tat gemacht haben. Das Gesetz verbietet die Verlesung des Protokolls. Der von der Praxis gewählte Ausweg aber ist noch weit bedenklicher und viel gefährlicher für den Angeklagten, als die Verlesung des wenigstens ein für alle Mal fixierten Protokolles. Während das englische Recht dem Ankläger die Vorführung nur des besten Beweismittels, welches der Fall im allgemeinen zuläßt, also in der weitaus überwiegenden Zahl der Fälle nur den unmittelbaren, direkten Beweis gestattet und lediglich im Falle der absoluten Unmöglichkeit einer solchen Beweisführung von ihr absieht, wird bei uns das ganze Beweismaterial in getrübter Gestalt dem Richter vorgeführt. Die Art, wie ein Dritter, der protokollierende Beamte des Vorverfahrens, die Aussage formuliert und niedergeschrieben hat, was er über ihr Zustandekommen, die Glaubwürdigkeit der Bekundung aussagt, — das ist der Boden, von dem das Gericht, je genauer es die Akten kennt, um so weniger sich loszureißen vermag. Der Angeklagte aber muß bei dieser Prozedur wehrlos und mit verschränkten Armen dabeistehen. Das, was der Zeuge im Hauptverfahren ihm Auge im Auge sagt, kann er berichtigen und widerlegen. Machtlos aber ist er, wenn die Schatten des Vorverfahrens gegen ihn heraufbeschworen werden. Könnte der Angeklagte nachweisen, wie der Zeuge zunächst ausgesagt, wie er geschwankt hat, wie sodann vielleicht ganz ungewollte suggestive Vorhaltungen des Polizeibeamten auf den Zeugen eingewirkt haben und schließlich die Bekundung des unbeholfenen Mannes durch den Beamten ihr festes, scheinbar jeden Zweifel ausschließendes Gepräge bekommen hat, so bekäme oft der ganze Prozeß ein anderes Gesicht. Diesen Nachweis aber kann der Angeklagte nicht erbringen, da das Gesetz seine Anwesenheit im Vorverfahren verbietet und die toten Akten über die Entstehung ihres Inhalts uns nichts sagen können.

Diese ungünstige Lage des Angeklagten wird selbstverständlich noch dann erheblich verschärft, wenn die **Beeidigung** des Zeugen im Vorverfahren erfolgt ist. Das Gesetz wollte diese Beeidigung im Vorverfahren ohne Zuziehung des Angeklagten und seines Verteidigers nur in dem Ausnahmefall zulassen, daß diese Beeidigung als Mittel zur Herbeiführung einer wahrheitsgemäßen Aussage erforderlich erscheint. Wie wenig aber hat diese Formulierung in der Praxis gegen Mißdeutungen des gesetzgeberischen Willens gefruchtet, wie oft ist es von sachkundigster Seite aus gesagt worden, daß die Zeugen tatsächlich beeidigt werden, damit sie festgenagelt sind, damit sie in der Hauptverhandlung nicht umfallen. Selbstverständlich können dies die Zeugen ja auch nicht tun, ohne sich der Gefahr der sofortigen Verhaftung wegen Meineids auszusetzen. Die Vorgänge aus dem Kwilecki-Prozeß dürften noch in aller Erinnerung sein, in dem eine Zeugin, die den Mut hatte, ihre Aussage zu berichtigen, frischweg vom Platze verhaftet wurde. Solchen Heroismus findet man naturgemäß selten. Und das Resultat in diesen Fällen: Die im Vorverfahren in Abwesenheit des Angeklagten gemachte Aussage entscheidet sein Schicksal. Das Ergebnis würde sich oft nicht ändern, wenn das Spiel der Hauptverhandlung fortfallen und nach Lage der Akten auf Grund der im Vorverfahren abgegebenen eidlichen Aussagen entschieden würde.

Bei alledem macht es in der Sache keinen Unterschied, ob die Vorermittelungen durch den Staatsanwalt oder den Untersuchungsrichter erfolgen. Denn die ganze Gestaltung, welche das Gesetz dem Vorverfahren gegeben hat, läßt die Voruntersuchung trotz Leitung durch einen Richter als eine rein gerichtspolizeiliche erscheinen. Der Titel desjenigen, der sie leitet, das Etikett ist ganz gleichgültig. Es ist völlig zutreffend, wenn der Staatsanwalt Elvers jüngst in der

Juristenzeitung schrieb,[2]) daß der im Interesse der Strafverfolgung tätige Untersuchungsrichter notwendig der Subjektivität unterworfen und den Versuchungen jedes Inquirenten ausgesetzt sein muß, weshalb die ganze Voruntersuchung ebensowohl einem Organ der Polizei, als einem Richter übertragen werden könnte.

Ja, man kann einen Schritt weitergehen und das rein polizeiliche Ermittelungsverfahren als das weit bessere bezeichnen, da diese Regelung wenigstens den Vorzug der Ehrlichkeit hat und den Angeschuldigten nicht darüber täuscht, daß auch der Untersuchungsrichter nur ein Organ der Strafverfolgungsbehörde ist. Rosenfeld[3]) hat ganz recht, wenn er sagt: „Wäre man darauf ausgegangen, den Beschuldigten möglichst wehrlos zu machen, man hätte kaum etwas Geschickteres ersinnen können, als den Verfolger in die Maske des unbefangenen Richters zu stecken, ihn mit dessen Entscheidungs- und Zwangsgewalt auszustatten."

Die Beseitigung dieser Mängel kann auf eine zweifache Weise geschehen, entweder durch Umwandlung unseres Vorverfahrens nach dem Vorbild des englischen Strafprozesses in ein mündliches, kontradiktorisches oder durch Streichung des richterlichen Vorverfahrens überhaupt. Der erstere Weg erscheint nicht gangbar. Denn ein Verfahren, welches dazu dienen soll die Entscheidung über die Zulässigkeit der Anklage zu ermöglichen, kann unmöglich ohne Vereitlung seines Zweckes ausnahmslos unter ständiger Kontrolle des Beschuldigten geführt werden. Es bliebe daher nichts anderes übrig, als es in das Ermessen des das Vorverfahren leitenden Beamten zu stellen, inwieweit er dem Beschuldigten Einsicht in den Gang der Voruntersuchung gewähren will. Damit aber würde die ganze Reform wertlos werden, wie später bei der Erörterung der Vorschläge der Strafprozeßkommission gezeigt werden soll.

Dagegen ist es durchaus möglich, das richterliche Vorverfahren ganz und gar zu streichen und so den Parteiprozeß rein und konsequent durchzuführen. Der Kläger, der im Strafprozeß den Titel Staatsanwalt führt, hat das Prozeßmaterial völlig selbständig zu sammeln, ohne jede Mitwirkung des Richters, dessen Tätigkeit nur anzurufen ist, wenn es sich um die eidliche Vernehmung eines Zeugen

---

[2]) Vom 1. Juli 1904, S. 627.

[3]) Deutsche Juristenzeitung von 1904 Nr. 1, S. 39.

handelt oder der Verlust eines Beweismittels zu besorgen steht. Das gesamte vom Staatsanwalt gesammelte Material aber — und dies ist das Entscheidende — bleibt bei seinen Akten. Der Richter bekommt davon nichts zu sehen und nichts zu hören, da das Vorverfahren nur dazu dient, den Staatsanwalt zu informieren, ob er eine Anklage erheben kann. Fehlen die Protokolle des Vorverfahrens bei den Gerichtsakten, so ist der Richter gezwungen, gründlich zu verhandeln, um den Sachverhalt aufzuklären, und wir werden damit eine wirkliche mündliche, kontradiktorische Hauptverhandlung erhalten, in der Waffengleichheit zwischen Staatsanwalt und Angeklagtem herrscht und diesem nicht fortgesetzt ein ihm bis dahin unbekannter, vor ihm sorgfältig verborgen gehaltener Feind, die geheime schriftliche Vorermittelung, in den Rücken zu fallen vermag.[4])

Auch aus der Mitte der Kommission wurde ein eingehend motivierter Antrag auf Erweiterung der Parteirechte gestellt. Ob dieser freimütig und vorurteilslos begründete Vorschlag von Kronecker herrührt, können wir infolge des von der Kommission streng durchgeführten Prinzips der langweiligsten Anonymität nicht wissen, jedenfalls deckt sich der Antrag in den wesentlichsten Punkten mit den von Kronecker wiederholt publizierten Ansichten.

Die Kommission selbst hat jedoch einen ganz anderen Standpunkt eingenommen. Zunächst wird allerdings die Parteiöffentlichkeit für das Vorverfahren zugelassen und bestimmt, daß dem Angeschuldigten und seinem Verteidiger auf ihr Verlangen die Anwesenheit bei der Vernehmung von Zeugen und Sachverständigen zu gestatten sei. Mit großen Worten wird der darin liegende Fortschritt gepriesen: Es würde ein erheblicher Nutzen für die Strafrechtspflege erwachsen und das Vertrauen des Volkes zu ihr erhöht werden, wenn der Richter nicht mehr heimlich, sondern vor den Augen der Beteiligten prozediere. — Der Pferdefuß kommt jedoch sofort nach. Verlangt der Angeschuldigte oder sein Verteidiger, daß ihnen ihr Recht auf Anwesenheit werde, so muß der Untersuchungsrichter zunächst den Staatsanwalt befragen, wie er darüber denke, ob dem Angeschuldigten

---

[4]) Vgl. hierzu den ausgezeichneten Aufsatz von Rosenberg, Mitteilungen der Internationalen kriminalistischen Vereinigung, 11. Bd., S. 755 ff. und den Gesetzentwurf von Heinemann ebenda S. 659 ff., ferner Rosenfeld ebenda Bd. 10, S. 533 ff. und v. Lilienthal, Deutsche Juristenzeitung vom 1. November 1904, S. 1001 ff.

das beanspruchte Recht einzuräumen sei. Merkwürdig! Wir dachten bisher, daß die Wirksamkeit der Rechtspflege davon abhänge, daß sie vom Vertrauen des Volkes getragen werde, und wir lasen im Regierungsentwurf von 1894, daß unsere Strafprozeßordnung geändert werden müsse, weil sie das gehoffte Vertrauen im Volksbewußtsein nicht gefunden habe. Nun hören wir von der Strafprozeßkommission, daß die Erreichung dieses Zieles nur möglich sei, wenn im Vorverfahren die Parteiöffentlichkeit eingeführt werde. Trotzdem erklärt eben diese Strafprozeßkommission die vorherige Befragung des Staatsanwalts für geboten. Offensichtlich wollte die Kommission jenen oft zitierten Satz, daß in Preußen die Strafrechtspflege von der Staatsanwaltschaft geübt wird, gemildert durch ein Vetorecht der Gerichte gegenüber extravaganten Ansprüchen derselben, als ein unantastbares Dogma erklären und der sogenannten Reformarbeit als Motto voranstellen. Andernfalls hätte sie die vorherige Befragung des Staatsanwalts nicht für nötig halten können.

Aber weiter. Ist die Staatsanwaltschaft gehört, so darf der Richter dem Angeschuldigten und dem Verteidiger die Anwesenheit bei der Beweisaufnahme untersagen, wenn von ihr eine Gefährdung des Untersuchungszweckes oder der öffentlichen Ordnung zu besorgen ist. Diese Begriffe sind so dehnbar und lassen der Willkür einen so weiten Spielraum, daß die Kommission ebenso wohl die Bestimmung dahin hätte formulieren können: Es liegt im diskretionären Ermessen des Untersuchungsrichters, ob der Angeklagte die ihm in der Theorie eingeräumte Befugnis in der Praxis gebrauchen darf.

Wie sich die tatsächliche Handhabung dieser gesetzlichen Bestimmung stellen würde, darüber sind wir nicht auf Vermutungen angewiesen. Als die Strafprozeßordnung geschaffen wurde, glaubte man unendlich viel gewonnen zu haben, wenn man der Regierung eine Formulierung abtrotzte, die ein zum Schutze des Angeklagten gedachtes Prinzip aussprach. Man meinte dann beruhigt die Anwendung im Einzelfalle dem freien richterlichen Ermessen überlassen zu dürfen. In Wahrheit haben sich aber alle solche Bestimmungen als wertlos erwiesen. Beispiele brauchen wir hierfür nicht anzuführen, nachdem uns von der berufensten Stelle, an der jahrein, jahraus tausende von Urteilen aus allen Teilen Deutschlands geprüft werden, von Mitgliedern des Reichsgerichts, eingehend dargelegt ist, daß oft das

Wesen einer instruktionellen Vorschrift darin gefunden zu werden scheint, daß sie nicht befolgt zu werden brauche.[5])

Die Kommission weiß übrigens auch selbst recht gut, wie wenig Vorschriften zu gunsten des Angeklagten nützen, wenn nicht ihre Anwendung dem Richter zwingend vorgeschrieben ist. Die Kommissionsberichte enthalten darüber recht interessante Ausführungen, wenn sie uns erzählen, warum die Bestimmung, daß auch der Angeklagte das Recht zur Stellung des Antrages auf Eröffnung der Voruntersuchung hat, im wesentlichen auf dem Papiere steht oder wenn sie das trockene Eingeständnis enthalten, daß der als wesentlichste Rechtsbürgschaft, als Ersatz für die fehlende Berufung gedachte Eröffnungsbeschluß in der Praxis ohne die vom Gesetz vorausgesetzte, eingehende Prüfung mechanisch erlassen werde, und daß die meist überlasteten Gerichte geringe Neigung zeigten, sich der sehr zeitraubenden und wenig anregenden Arbeit einer sorgfältigen Prüfung und Beratung sämtlicher Sachen zu unterziehen. Man sollte daher alle Illusionen beiseite lassen. Würden die Vorschläge der Kommission Gesetz, so wird gewiß in manchem Prozeß wegen Diebstahls oder Kuppelei den Parteien im Vorverfahren die Anwesenheit gestattet sein. Wo aber ein politisches oder gewerkschaftliches Interesse in Frage kommt, da wird, wie in unzähligen Fällen im geltenden Recht, so auch in Zukunft sich eine ganz schablonenhaft angewendete Formel herausbilden, die auf den Antrag des Staatsanwalts im Interesse der „öffentlichen Ordnung“ dem Angeklagten und seinem Verteidiger die Tür des Zimmers des Untersuchungsrichters verschließt. Weit öffnen dagegen wird sie sich dem Staatsanwalt, der bisher den Vernehmungen im Vorverfahren nicht beiwohnen durfte, von dessen Anwesenheit selbstverständlich aber, und zwar, wie gar nicht verkannt werden soll, durchaus mit Recht, eine Gefährdung des Untersuchungszweckes oder der öffentlichen Ordnung niemals befürchtet werden kann.

Wie unwürdig die Stellung des Anwaltsstandes in dem vorgeschlagenen Verfahren werden wird, soll nur angedeutet werden. Der Verteidiger kann zwar Fragen an die Zeugen stellen. Über ihre Zulassung aber entscheidet der Richter, ohne daß gegen seinen ablehnenden Bescheid das Beschwerderecht gewährt wird.

---

[5]) Vgl. Stenglein, Wider die Berufung 1894, S. 14 ff. und vor allem v. Bülow, Die Reform unserer Strafrechtspflege 1893, S. 26 ff.

Sogar **mitten in der Verhandlung** kann nach den Vorschlägen der Kommission der Richter dem erschienenen Verteidiger die fernere Anwesenheit wegen einer zu besorgenden Gefährdung des Untersuchungszweckes untersagen. Es wird ein köstliches Bild werden, wenn der Untersuchungsrichter den unbequem werdenden Verteidiger ersucht, seine Akten zusammenzupacken und das Zimmer schleunigst zu verlassen, seine weitere Gegenwart gefährde den Untersuchungszweck. Daß ein Anwalt, dem der Begriff der Standesehre noch nicht völlig verloren gegangen ist, sich in eine Situation begeben sollte, in der ihm solche unwürdige Behandlung droht, ohne daß ein Widerspruch dagegen rechtlich möglich ist, erscheint ausgeschlossen.

Was an dieser Regelung besonders mit **Unwillen** erfüllt, das ist das Bestreben der Kommission, den Anschein zu erwecken, als ob Staatsanwalt und Angeschuldigter hier gleichgestellt seien, während doch hinter der **formalen** Parität eine **materiell** vollkommen verschiedene Behandlung steckt. Wird es wirklich der gesetzgeberischen Intention gerecht, wenn die Kommission sowohl vom Staatsanwalt als auch vom Angeschuldigten sagt, daß sie anwesend sein können, ihnen diese Erlaubnis aber versagt werden kann im Interesse des Untersuchungszweckes oder der öffentlichen Ordnung? Daß die Anwesenheit des Staatsanwalts diese Maßregel jemals notwendig machen kann, ist, wie bereits hervorgehoben, völlig ausgeschlossen, ganz besonders auch gerade vom Standpunkt der Strafprozeßkommission aus, die erklärt, daß „die Verantwortlichkeit für den Gang des vorbereitenden Verfahrens der Staatsanwaltschaft zufalle, sie vereinige die Ermittelungen in ihrer Hand und sei deshalb allein imstande, die Sachlage jederzeit völlig zu übersehen". Man hätte daher billigerweise erwarten dürfen, daß die Kommission wenigstens den Mut gefunden hätte, offen auszusprechen, der Staatsanwalt dürfe ausnahmlos bei allen Beweisterminen anwesend sein, der Angeschuldigte und sein Verteidiger aber nur unter den erwähnten Beschränkungen.

Auch die übrigen von der Kommission für das Vorverfahren gemachten Vorschläge laufen durchweg auf eine Entrechtung des Angeklagten hinaus. Die Vornahme der Ermittelungen, insbesondere die Vernehmung des Beschuldigten, der Zeugen und Sachverständigen, soll im Ermittelungsverfahren prinzipiell durch den Staatsanwalt selbst, nicht mehr, wie bisher in Preußen, durch die Polizeibehörden erfolgen. Zu dem Zwecke wird der Staatsanwaltschaft das Recht eingeräumt, den Beschuldigten und die Zeugen unter der Androhung zwangsweiser Vorführung zu laden und, falls sie ohne genügende Entschuldigung ausbleiben, zwangsweise vorführen zu lassen.

Daß der Staatsanwalt selbst die Ermittelungen vornimmt, anstatt sie durch die Polizei ausführen zu lassen, ist eine Bestimmung, die an sich durchaus zu billigen ist. Denn der Staatsanwalt wird weit sachgemäßer verfahren, als irgend ein ungebildeter Polizeidiener. Auch ist es ein großer Vorzug gegenüber der in Preußen herrschenden Praxis, daß der Staatsanwalt das Beweismaterial aus eigener Anschauung kennen lernt. Es ist denkbar und sicherlich nicht selten vorgekommen, daß Anklagen erhoben worden sind, von denen der Staatsanwalt die Hand gelassen haben würde, wenn er den Angeschuldigten und die Zeugen selbst gesehen hätte[6])

Das außerordentlich Bedenkliche aber ist, daß die vom Staatsanwalt im Ermittelungsverfahren aufgenommenen Protokolle Teile der Gerichtsakten werden sollen und damit das erkennende Gericht in nachhaltigster Weise beeinflussen werden. Haben dies sogar schon die Protokolle der, um ein Wort aus den Kommissionsberichten selbst zu zitieren, „naturgemäß meist im Sinne der Anklage interessierten Polizeibeamten", bei denen „das subjektive Moment eine große Rolle spiele", in hohem Maße getan, um wie viel mehr muß dies von den Beurkundungen des Staatsanwalts, seinen Notizen und Vermerken über die Glaubwürdigkeit von Zeugen, Angeschuldigten usw. gelten. Die Kommissionsberichte erwähnen einmal, daß leicht ein unerfreulicher Streit über die tatsächliche Richtigkeit der Angaben, welche in den vom Staatsanwalt aufgenommenen Protokollen enthalten sind, entstehen werde. Wir glauben dies nicht. Der Streit wird vom Gericht schnell damit geschlichtet werden, daß man einfach den festen Boden für die Hauptverhandlung in den vorher sorgfältig studierten Protokollen des Staatsanwalts findet. Und wenn erforderlich, wird das in den großen Prozessen schon heute sich findende Zeugenmaterial dadurch zu einem Trio vervollständigt werden, daß neben dem Untersuchungsrichter und den Polizeibeamten nun auch noch der Staatsanwalt als Zeuge erscheint. Bekundet er dann, daß Angeschuldigte und Zeugen den Protokollen gemäß ausgesagt hätten und er an der Richtigkeit der belastenden Aussagen keinen Zweifel gehabt habe, so ist damit die Sache entschieden. Die Wahrheit des Vorverfahrens wird dann eben auch zu der der Hauptverhandlung und die Münd-

[6]) Vgl. hierzu Rosenberg in den Mitteilungen der J.K.V., 11. Bd., S. 761 ff.

lichkeit und Unmittelbarkeit des Verfahrens zu einem leeren, inhaltslosen Wort. Sehr zutreffend macht hierauf auch der Erste Staatsanwalt Langer in der Deutschen Juristenzeitung vom 15. Dezember 1905 S. 1138 aufmerksam.

Bis ins Maßlose wird diese Übermacht des Staatsanwalts dadurch gesteigert, daß er unbeschränkt auch bei den Vernehmungen des Angeschuldigten vor dem Untersuchungsrichter anwesend sein darf, während der Verteidiger regelmäßig davon ausgeschlossen ist. Allerdings drücken die Kommissionsbeschlüsse diesen Gedanken weniger schroff, aber auch weniger wahr aus. Sie sagen: „Es soll vom freien Ermessen des Untersuchungsrichters abhängig sein, ob er der Staatsanwaltschaft und dem Verteidiger die Anwesenheit bei der Vernehmung des Angeschuldigten gestatten will; Beschwerde findet nicht statt." Daß nun dem Staatsanwalt, dem Herrn und Leiter des Vorverfahrens, das Verlangen auf Anwesenheit im Termin jemals abgeschlagen werden wird, erscheint völlig ausgeschlossen und wäre geradezu sinnlos gegenüber dem Vorschlage der Kommission, daß die vom Staatsanwalt mit dem Angeschuldigten aufgenommenen Protokolle zum Zwecke des Nachweises eines Geständnisses sogar in der Hauptverhandlung verlesen werden dürfen.

Ganz entgegengesetzt wird es dem Verteidiger ergehen. Die Kommissionsberichte sind sich selbst darüber in keiner Weise im Unklaren.

Sie sagen an einer Stelle, wo das freie Ermessen des Untersuchungsrichters entscheide, bestehe die Gefahr, daß der gegenwärtige für die Verteidigung geltende Rechtszustand tatsächlich aufrecht erhalten bleibe. Dies ist sicher richtig. Der Untersuchungsrichter hat bisher ohne die Gegenwart des Verteidigers mit dem Angeschuldigten verhandelt, er wird dies, da keine gesetzliche Vorschrift ihn bindet, auch in Zukunft tun, zumal die Kommissionsbeschlüsse, auf Schritt und Tritt ganz dem Geiste des Inquisitionsprozesses entsprechend, von dem bösen Verteidiger eine Trübung der dem Gericht sich bietenden Erkenntnisquellen erwarten. Daher die Furcht, daß von der Gegenwart des Verteidigers eine Gefährdung des Untersuchungszweckes zu besorgen sei und daher die Annahme, daß durch Anwesenheit des Verteidigers seltener Geständnisse vor dem Untersuchungsrichter abgelegt würden. Daß bei dieser Sachlage das Recht der Zulassung des Verteidigers zu den Vernehmungen des Angeschuldigten lediglich auf dem Papier stehen wird, ist selbstverständlich.

Die Rechte der Verteidigung.

Charakteristisch ist, mit welcher kleinlichen Engherzigkeit gegenüber dieser Erweiterung der Befugnisse der Staatsanwaltschaft die Rechte der Verteidigung geregelt sind. Einige geringfügige Verbesserungen sind vorhanden. Der mündliche Verkehr des Verteidigers mit dem in Untersuchungshaft genommenen Angeklagten unterliegt keiner Beschränkung mehr, was übrigens in der Mehrzahl der Fälle bereits dem geltenden Rechtszustand entspricht. Da, wo ein Verteidiger von Amtswegen oder auf Antrag zu bestellen ist, geschieht dies in einem etwas früheren Zeitpunkt, als bisher. Damit aber sind die mehr als dürftigen, nennenswerten Verbesserungen erschöpft.

Das Recht auf Einsicht der Akten wird dem Verteidiger noch mehr als bisher beschränkt. Daß der Angeschuldigte sachgemäße Anträge zu seiner Verteidigung nicht zu stellen vermag, solange er keine Kenntnis von dem Inhalte der Akten nehmen darf, sofern diese die Grundlage des ganzen Verfahrens und nicht etwa nur eine Informationsquelle für den Staatsanwalt bilden, leuchtet ohne weiteres ein. Nach geltendem Rechte darf dem Verteidiger die Einsichtnahme der Akten verwehrt werden nur während des Vorverfahrens, sofern eine Gefährdung des Untersuchungszweckes zu besorgen ist. Der Strafprozeßkommission genügt dieser Zustand nach mehrfacher Richtung noch nicht. Zunächst wird auch hier der Begriff der öffentlichen Ordnung eingeführt, in deren Interesse die Akteneinsicht während des Vorverfahrens dem Verteidiger untersagt werden kann. Dadurch werden die Grenzlinien vollends verdunkelt.

Die Kommission geht aber noch einen Schritt weiter. Sogar nach Beginn des Hauptverfahrens sollen der Verteidiger und der Angeklagte nicht einmal mehr wissen, welche Akten das Gericht in Wahrheit für sein Urteil benutzt. Die Kommission meint, daß es zu Unzuträglichkeiten geführt habe, daß der Angeklagte von dem erkennenden Gericht unterbreiteten, durchaus vertraulichen Beiakten, z. B. Verwaltungsakten, Personalakten, Kenntnis erlangt habe. Es wird deshalb die Bestimmung vorgeschlagen, daß der Verteidiger auch nach Schluß des Vorverfahrens andere dem Gericht vorliegende Akten als die Untersuchungsakten nur insoweit einsehen darf, als sie mit der Untersuchung im Zusammenhange stehen. Daß dieser letztere

Kautschukbegriff jede Auslegung gestattet, bedarf keiner Hervorhebung. Das, worüber wir uns im Dreyfus-Prozeß nicht genug entrüsten konnten, wird hier allen Ernstes als neueste Kulturerrungenschaft der deutschen Nation dargebracht. Wie üppig werden die geheimen Dossiers wuchern! Welche neue Waffe ist damit gegen alle „politisch Verdächtigen" geschmiedet, die ja nun, ohne daß sie etwas davon erfahren, in den dem Gericht vorgelegten polizeilichen Personalakten in ihrer ganzen Schlechtigkeit geschildert werden können. Sollte die Bestimmung Gesetz werden, so würde die neue deutsche Strafprozeßordnung die einzige sein, welche dem Gericht in aller Form Rechtens die Möglichkeit gewährt, dem Angeklagten und seinem Verteidiger vorenthaltene Akten dem Urteil zu grunde zu legen. Denn um nichts Geringeres, als um diesen entscheidenden Punkt handelt es sich vorliegend; darüber dürfen wir uns keiner Täuschung hingeben. Wir können uns heute eines Lächelns kaum noch erwehren, wenn wir in den Materialien zur geltenden Strafprozeßordnung lesen, mit welcher Ängstlichkeit man seiner Zeit die Grenzlinien abgesteckt hat, innerhalb deren eine im Vorverfahren gemachte Aussage in der Hauptverhandlung verlesen oder nur vorgehalten werden darf. Wir wissen, daß dies graueste Theorie ist. Was das Gericht in den Akten gelesen hat, das bedingt das Urteil. In welcher Form es in der Hauptverhandlung zum Vortrag kommt, ist ganz gleichgültig. Die Richtigkeit dieser Behauptung können wir in den Protokollen der Kommission selbst nachlesen.

Aus ihrer Mitte wurde mit aller Schärfe betont, daß die Gefahr bestehe, daß die Richter auch diejenigen Teile der Beiakten, die nicht zum Gegenstand der Verhandlung gemacht und deshalb der Einsicht des Verteidigers vorenthalten seien, bei der Beratung gleichwohl, wenn auch unbewußt, mitberücksichtigten. Denn sie seien dem Vorsitzenden, dem Referenten und, wenn der Verteidiger die Einsicht verlangt und einen Gerichtsbeschluß herbeigeführt habe, dem ganzen Gerichtshofe bekannt geworden. Sei der Inhalt der Beiakten für die Untersuchung bedeutungslos, so möge das Gericht sie von den Akten trennen und zurücksenden. Solange dies nicht geschehen sei, dürfe ohne weiteres angenommen werden, daß sie mit der Untersuchung im Zusammenhang ständen.

Gegen diese Deduktion, deren absolute Richtigkeit selbstverständlich erscheint, wurde in der Kommission nach den Protokollen nichts eingewendet und dennoch die gedachte Bestimmung zum Beschluß erhoben.

Übrigens muß hervorgehoben werden, daß auch hier ein Zufallsvotum vorliegt. Bei Stimmengleichheit gab die Stimme des Vorsitzenden, wie mehrfach, zu ungunsten der Rechtsstellung des Angeklagten den Ausschlag. Solche Abstimmungen, bei denen die Kommission selbst zur Hälfte so, zur Hälfte entgegengesetzt stimmte, sind natürlich ganz ohne Wert für die gesetzgebenden Faktoren, sie bieten Interesse nur als Charakteristikum des die Strafprozeßkommission beherrschenden Geistes.

Die Fälle der notwendigen Verteidigung sind **ernstlich** nicht erweitert, obwohl dies Verlangen als communis opinio bezeichnet werden kann.[7]) Die Kommission beschränkt sich auf zwei Vorschläge: Nachdem bisher demjenigen, welcher noch nicht das sechzehnte Lebensjahr vollendet hatte, ein Rechtsbeistand zur Seite zu stellen war, wird jetzt das achtzehnte Lebensjahr vorgeschlagen. Weiter soll die Vorschrift des geltenden Rechts, daß das Gericht ganz nach freiem Ermessen auch in anderen Fällen einen Verteidiger bestellen darf, hinzugefügt werden, daß von dieser diskretionären Befugnis insbesondere Gebrauch zu machen sei, wenn der Beschuldigte außer Stande sei, sich selbst zu verteidigen. Dieser Vorschlag ist praktisch ganz wertlos. Mit Recht bezeichnet Stenglein an der oben zitierten Stelle als Schicksal aller derartigen Anträge die regelmäßige Ablehnung mit der bequemen, schablonenhaften Begründung, daß kein Fall der notwendigen Verteidigung vorliege. Daran wird auch die von der Kommission vorgeschlagene Aufnahme einiger inhaltsloser, human klingender Worte in das Gesetz nichts ändern. Kosten entstehen dadurch jedenfalls dem Staate nicht. Man vergleiche hiermit nur einmal das französische Gesetz vom 8. Dezember 1897, welches vorschreibt, daß der Untersuchungsrichter in allen Fällen, auch in Nichthaftsachen, den Beschuldigten nach durchgeführtem Verhöre darüber belehren muß, daß er sich einen Verteidiger selbst wählen dürfe oder verlangen könne, daß ihm ein solcher von Amtswegen beigegeben werde. Die Protokolle der Strafprozeßkommission streifen dieses Gesetz einmal beiläufig mit den Worten, es habe allerdings seinen Zweck, das Vertrauen des Volkes zur Objektivität des Untersuchungsrichters zu stärken, erreicht. Im übrigen aber seien die Ansichten über seine Wirkungen geteilt. Das ist richtig. Aber über die hier in Rede stehende Be-

---

[7]) Vgl. statt aller anderen Rosenfeld, Mitteilungen der J.K.V., Bd. X., Seite 533.

stimmung von der Notwendigkeit und dem segensreichen Erfolge der unentgeltlichen Beiordnung eines Verteidigers in allen wichtigeren Sachen auf Antrag des Beschuldigten besteht keinerlei Meinungsverschiedenheit. Man empfindet dies in Frankreich als eine selbstverständliche Pflicht des Staates gegen die mittellosen Klassen.

Die Kommission hat die in dieser Beziehung mit dem Gesetz von 1897 in Frankreich gemachten Erfahrungen einer Erörterung nicht unterzogen und den ihm zu grunde liegenden Gedanken nicht akzeptiert, sie hat sich vielmehr darauf beschränkt, aus Frankreich lediglich die Sumpfpflanze des Dreyfuß-Prozesses, die geheimen dossiers, nach Deutschland zu importieren.

Die Untersuchungshaft.

Das trübste Kapitel in der deutschen Strafrechtspflege ist die Regelung der Untersuchungshaft. Wohl in keinem Kulturlande der Welt wird die Untersuchungshaft mit solcher Häufigkeit wie in Deutschland verhängt, und sicherlich erreicht die Dauer der Haft in keinem Staate eine solche Länge wie bei uns. In Österreich z. B. ist es der normale Fall, daß der Untersuchungsrichter an demselben Tage, an dem bei ihm eine Beschwerde über die Untersuchungshaft eingeht, sich in die täglich stattfindende Ratskammersitzung begibt, die Sache dort vorträgt und sofort die unmittelbar darauf folgende Entscheidung entgegennimmt. Bei uns vergehen in dem gleichen Falle Wochen. Die Strafprozeßkommission hat nicht den kleinsten ernsthaften Versuch gemacht, auch nur nach einer dieser beiden Richtungen hin die geringste Abhilfe zu schaffen. Weder sind die gesetzlichen Grenzen, innerhalb deren die Verhängung der Untersuchungshaft zulässig sein soll, schärfer abgesteckt, noch ist das für die Anordnung der Untersuchungshaft geltende Verfahren sachgemäß abgeändert, noch wird endlich durch zwingende Vorschriften das Schneckentempo des bureaukratischen Geschäftsganges beschleunigt.

Damit allein sind die Arbeiten der Kommission gerichtet. Die Mißstände auf dem Gebiete der Untersuchungshaft sind so große und die Folgen haben sich in so Entsetzen erregender Weise für Menschenschicksale fühlbar gemacht, daß eine Gesetzgebungskommission, welche hier Abhilfe zu schaffen für nicht notwendig erachtet, von einer derartigen Rücksichtslosigkeit gegen den doch erst Verdächtigen und einer solchen Gleichgültigkeit gegen die Rechtssicherheit des Einzelnen erfüllt ist, daß ihre Tätigkeit als eine durchaus volksfeindliche erscheinen muß.

Die beste Fundgrube für das, was unter dem geltenden Rechtszustand möglich ist, sind die Erfahrungen, die mit der Untersuchungshaft im Königsberger Hochverratsprozeß gemacht worden sind. Die aktenmäßigen Beläge, deren absolut zuverlässige Wiedergabe in der unten genannten Schrift[8]) der Verfasser als Verteidiger in dem Prozeß zu bestätigen in der Lage ist, muten stellenweise mehr wie ein Roman, denn als Wirklichkeit an. Sie sollten bei jeder die Reformierung des Instituts der Untersuchungshaft betreffenden Erörterung herangezogen werden.

Die vom Gesetz gewählte Formulierung für die Zulässigkeit der Anordnung der Untersuchungshaft gewährt dem Einzelnen nicht den geringsten Rechtsschutz gegen ungerechtfertigte Verhaftungen. Auf federleichte Vermutungen hin kann ein völlig unbescholtener Mensch seiner Freiheit beraubt werden.

Was zunächst den Tatverdacht angeht, so entscheiden über sein Vorhandensein die toten Akten. Und was enthalten diese in dem Augenblick, in dem der Haftbefehl erlassen wird? Nicht anders zumeist als das vom Staatsanwalt und seinen polizeilichen Hilfsorganen gesammelte Belastungsmaterial. Wenn der Gesetzgeber hinzufügt, der Verdacht müsse ein dringender sein, so ist auch damit in der Praxis gar nichts gewonnen. Das ganze lange Vorverfahren soll ja, worauf Rosenfeld a. O., Seite 539 mit aller Schärfe hingewiesen hat, erst dazu dienen, festzustellen, ob etwas graduell Geringeres, ein hinreichender Verdacht vorliegt. Bevor dieser aber festgestellt ist, wird bereits angenommen, daß das schwerere Moment, der dringende Verdacht vorliege, und eine Maßregel gegen den Bürger verhängt, die sich in ihrem wichtigsten Inhalt, der Freiheitsberaubung, in nichts von der Strafhaft unterscheidet. Man sieht aus diesem Widerspruch, über den keine juristische Dialektik hinwegzuhelfen vermag, wie geringe Ansprüche der Gesetzgeber an den Begriff der Dringlichkeit des Verdachtes beim Erlaß des Haftbefehls stellt. Wird jemand, der eine Zeitlang in Untersuchungshaft gesessen hat, während der Vorunter-

---

[8]) Der Geheimbund des Zaren. Herausgegeben von Kurt Eisner, Verlag Vorwärts, Berlin 1904, S. 169 ff.

suchung daraus entlassen, weil sich seine Unschuld herausgestellt hat, so zeigt sich, daß er zwar einmal dringend, aber niemals hinreichend verdächtig war.

Die zweite gesetzliche Voraussetzung, der Fluchtverdacht, so belehrt uns die Kommission selbst, wird in der Praxis vielfach „schablonenhaft" angenommen. Man mache sich nur die ganze Tragweite dieses Zugeständnisses klar. Schablonenhafte Verhängung der Untersuchungshaft gegen Menschen, die doch nichts weiter verbrochen haben, als daß sie schuldig sind, verdächtig zu sein! Und in der Tat, wie oft sehen wir jemand ins Untersuchungsgefängnis wegen Fluchtverdachtes wandern, von dem wir uns fragen, wie darf man diesen Mann denn auch nur für fluchtfähig halten? Heute kann zur Begründung des Fluchtverdachtes das Vorliegen einer bestimmten Tatsache ausreichen, morgen, daß diese Tatsache **nicht** vorliegt. Ist der Angeschuldigte wohlhabend, so stehen ihm reichliche Mittel zur Flucht zur Verfügung, ist er arm, so hindert ihn kein Besitz, so schnell wie möglich sein Vaterland zu verlassen und im Ausland sich Arbeit zu suchen. Wie häufig muß die Höhe der zu erwartenden Strafe den Fluchtverdacht gegen denjenigen rechtfertigen, der nach einer Hauptverhandlung von einigen Minuten wegen erwiesener voller Unschuld auf Antrag des Staatsanwalts selbst freigesprochen wird. Im Königsberger Hochverratsprozeß (vergl. S. 172 der erwähnten Publikation) wurde vom Ersten Staatsanwalt in Königsberg gegen drei Angeklagte der Antrag auf Verhängung der Untersuchungshaft damit begründet, daß „bei der Nähe der russischen Grenze Fluchtverdacht und auch die Gefahr der Verdunkelung vorliegt". Und tatsächlich wurde dem Verlangen vom Untersuchungsrichter mit der Motivierung stattgegeben, daß „Kollusionsgefahr zu befürchten ist und wegen der Nähe der russischen Grenze Fluchtverdacht begründet erscheint". Dies wurde angenommen, obwohl nach unserer Strafprozeßordnung die Geisteskrankheit ein Hindernis der Strafverfolgung bildet. Vielleicht hätten sich doch Erster Staatsanwalt und Untersuchungsrichter sagen können, daß dieser Zustand bei den Angeklagten in bedauernswert hohem Maße vorhanden sein müsse, wenn sie, die wegen gegen Rußland gerichteter Umtriebe angeklagt waren, die Gestade gerade dieses gegen politische Verbrecher besonders gastfreundlichen Landes aufsuchen würden.

Was schlägt nun die Kommission als Mittel der Abhilfe gegen die von ihr selbst anerkannten Übelstände vor? Es soll im Gesetz deutlicher als bisher zum Ausdruck gebracht werden, daß die Untersuchungshaft auch wegen Fluchtverdachts nur verhängt werden darf, wenn Tatsachen vorliegen, welche den Angeschuldigten der Flucht verdächtig machen. Und es soll bestimmt werden, daß die den Fluchtverdacht begründenden Tatsachen aktenkundig zu machen sind, wie dies das Gesetz ausdrücklich für die Annahme des Kollusionsverdachts als erforderlich bezeichne, woselbst vorgeschrieben sei, daß aktenkundig zu machende Tatsachen vorliegen müssen, aus denen zu schließen ist, daß der Angeschuldigte Spuren der Tat vernichten werde.

Weniger als dies kann nicht geboten werden. Man würde die Behauptung verstehen, wenn auch für falsch halten, daß eine Änderung der Vorschriften über die Untersuchungshaft nicht angängig sei. Aber zu behaupten, daß die vom Gesetz gewählte Formulierung der Voraussetzungen der Kollusionshaft bewirkt hat, daß hier die Rechtssicherheit in höherem Maße gewährleistet sei als bei der Verhaftung wegen Fluchtverdachts, dies ist bei den offenkundigen, von niemand bestrittenen Erfahrungen in der Praxis unverständlich.

Sehen wir uns doch einmal an, wie in der Wirklichkeit die aktenkundig zu machenden Tatsachen aussehen, die bei Annahme des Kollusionsverdachts vorhanden sein müssen. Auch hier bietet der Königsberger Prozeß die lehrreichsten Beispiele. Da finden wir die Untersuchungshaft mit der eigenartigen Begründung gerechtfertigt, „weil Kollusionsgefahr besteht, mithin Fluchtverdacht begründet erscheint", wozu der Verfasser der Schrift über den Königsberger Prozeß mit Recht bemerkt: „Eine völlig dunkle Betrachtung, daß jemand aus dem Grunde flieht, weil er die Spuren verwischt". Da können wir in dem Beschluß des Ober-Landesgerichts Königsberg lesen, daß die Natur der in betracht kommenden Straftat, nämlich die Geheimbündelei, die Annahme der Kollusionsgefahr rechtfertige, was doch nur dann eine dem Gesetze entsprechende Begründung darstellen würde, wenn dieses vorschriebe, daß es gewisse Delikte mit einer ein für allemal zu präsumierenden Kollusionsnatur gebe und daher für diese stets die Verhängung der Untersuchungsgefahr geboten sei.

Diese wenigen Beispiele dürften genügen, um erkennen zu lassen, daß das von der Kommission vorgeschlagene Heilmittel, die Formulierung der Voraussetzungen für die Kollusionshaft als Muster für die Verhängung der Untersuchungshaft wegen Fluchtverdachtes zu wählen, auch nicht die geringste Änderung gegenüber dem geltenden

Recht bewirken würde. Im günstigsten Falle gibt es für den Richter zwei Zeilen Schreibarbeit mehr.

Nun wird man allerdings zugeben müssen, daß es außerordentlich schwer ist, hier eine die Rechtssicherheit garantierende Begriffsbestimmung zu finden. Denn warten, bis der Täter Anstalten zur Flucht getroffen **hat**, kann der Staat nicht, da dann die Verhängung der Untersuchungshaft meist zu spät käme. Jede Formulierung wird daher hier der Willkür einen mehr oder weniger freien Spielraum lassen müssen. Eins aber kann ganz leicht und muß geschehen, wenn man es mit der bürgerlichen Freiheit ernst meint, nämlich das **Verfahren** bei der Anordnung der Untersuchungshaft anders zu regeln, als dies das geltende Recht tut. Dem Angeschuldigten muß Gelegenheit gegeben werden, dem Richter glaubhaft zu machen, daß er die Tat nicht begangen habe oder der Flucht nicht verdächtig sei.

Die Beraubung der Möglichkeit, sich ungehindert zu betätigen, ist gerade in demjenigen Stadium des Verfahrens, von dem hier die Rede ist, für den davon Betroffenen mit besonders großen Nachteilen verknüpft. Es handelt sich um den ernstesten Augenblick seines Lebens. Der mit den ungeheueren Machtmitteln des Staates ausgestatteten Anklagebehörde gegenüber will der von der Außenwelt Abgeschnittene seine Freisprechung erkämpfen oder sich wenigstens durch die Sammlung aller entlastenden Beweise eine möglichst geringe Strafe sichern. Und gleich dem Angeschuldigten sollte auch der Staat es als in seinem Interesse liegend erachten, daß ein der Sachlage entsprechendes Urteil gefällt wird. Dazu aber gehört die Verteidigungsmöglichkeit des Angeschuldigten. Wird ihm diese durch die Untersuchungshaft in weitestem Umfange beschränkt, so müßte es der Staat für seine vornehmste Pflicht halten, die durch die Untersuchungshaft mit Notwendigkeit eintretende, aber durch ihren Zweck nicht gerechtfertigte Folge nach Möglichkeit auszugleichen, d. h. dem nicht auf freiem Fuße befindlichen, der selbst an der Wahrnehmung seiner Rechte behindert ist, und dessen Mittel ihm die Annahme eines Verteidigers nicht gestatten, von Amtswegen einen solchen zu bestellen. Mag man vielleicht aus der Erwägung heraus, daß es an dem Vorhandensein der notwendigen Verteidiger fehlen würde, für die große Zahl der wegen Verdachts der Bettelei und Landstreicherei in Untersuchungshaft Genommenen von der Bestellung eines Offizialverteidigers absehen, was übrigens auch gar nicht unbedenklich ist, da das Gesetz hier als Zusatzstrafe Arbeitshaus kennt, eine in ihren Wirkungen mehrjähriger Zuchthausstrafe gleichstehende Maßregel, so muß als Norm jedenfalls der Satz gelten, daß die durch den Staat selbst bewirkte Lahmlegung der Verteidigungsfreiheit dadurch ausgeglichen werde, daß jedem Verhafteten, der dies beantragt, ein Verteidiger beigeordnet wird.

Die Strafprozeßkommission hat diese für jeden humanen Strafprozeß sich ohne weiteres ergebende Forderung gänzlich unerfüllt gelassen.

Die Beiordnung eines Verteidigers kann aber nur dann ihren Zweck voll erfüllen, wenn das Gesetz ihm die Möglichkeit gewährt, das Nichtvorliegen der Voraussetzungen für die Verhängung der Untersuchungshaft nachzuweisen. Hier liegt der Grund, aus dem die Regelung der Untersuchnngshaft der unbefriedigendste Teil unserer Strafprozeßordnung ist. Das Gesetz versagt hier dem Angeklagten dasjenige Mittel, welches sonst als die wesentlichste Garantie für einen gerechten Richterspruch gilt: die kontradiktorische Verhandlung. Ohne sie kann A. nicht gezwungen werden, dem B. 20 Mk. zu zahlen, und darf C. nicht zu einer Geldstrafe von 10 Mk. verurteilt werden. Da aber, wo die Freiheit eines Menschen auf dem Spiele steht, dessen Schuld überhaupt noch nicht erwiesen ist, kennen wir dieses allein wirksame Schutzmittel nicht, das für die Hauptverhandlung vom Gesetzgeber als solches auch anerkannt ist. Die Wissenschaft hat, zum Teil im Anschluß an die Gesetzgebung fremder Staaten, bis ins einzelne gehende Vorschläge gemacht, wie in einem schleunigen, von dem Hauptprozeß unabhängigen Verfahren dem von der Polizei oder der Staatsanwaltschaft vorläufig Festgenommenen vor definitiver Verhängung der Untersuchungshaft durch den Richter Gelegenheit zu geben ist zu mündlicher Verteidigung, zu kontradiktorischer Erörterung der gegen ihn vorliegenden Verdachtsmomente und vor allem der Frage, ob wirklich die Annahme des Fluchtverdachts im gegebenen Falle gerechtfertigt erscheint. Hierauf an dieser Stelle einzugehen, würde zu weit führen. Es genügt hervorzuheben, daß die Strafprozeßkommission sich von alledem nichts zu eigen gemacht hat, vielmehr den gegenwärtigen Rechtszustand in seiner ganzen Furchtbarkeit und Traurigkeit fortbestehen läßt.

Nach wie vor also werden wir es erleben, daß Angeklagte nach dem Vorbild des Königsberger Hochverratsprozesses monatelang in Untersuchungshaft sitzen und erst in der Hauptverhandlung erfahren, was ihnen eigentlich zur Last gelegt wird. Man lese nur in der

Publikation über den Prozeß nach, wie den inhaftierten Angeklagten keinerlei Gelegenheit zur Beseitigung der gegen sie vorliegenden Verdachtsgründe gegeben wurde, denn es waren ihnen niemals auch nur die Titel der Schriften, die sie verbreitet haben sollten, mitgeteilt, geschweige denn deren Inhalt.

Die Strafprozeßkommission verschlechtert sogar auch hier wiederum diesen unerträglichen Rechtszustand noch erheblich. Es soll im Gegensatz zum geltenden Recht die Beeidigung eines Zeugen im Vorverfahren stets zulässig sein, wenn die Beeidigung *als Unterlage für die Entscheidung über die Verhaftung* erforderlich erscheint. Um die Größe der damit dem Angeklagten drohenden Gefahr zu ermessen, braucht nur auf das früher Gesagte verwiesen zu werden. Bei diesen eidlichen Vernehmungen kann der Staatsanwalt stets anwesend sein, Fragen stellen und die Aufnahme der Antworten in das Protokoll bewirken. Über die Zulassung des Angeklagten und seines Verteidigers entscheidet der Richter nach freiem Ermessen. Diese in Abwesenheit des Angeklagten gemachte, vielleicht durch einen einzigen Vorhalt von ihm richtig gestellte eidliche Aussage des Zeugen aber entscheidet das Schicksal des Angeklagten, da der Zeuge daran *bei Gefahr des Zuchthauses* gebunden ist. Solange nicht der Angeklagte und sein Verteidiger einen *zwingenden* Anspruch auf Anwesenheit bei allen *eidlichen* Vernehmungen haben, ist der Kommissionsvorschlag nur eine weitere Verschlechterung der Rechte des Angeklagten.

Endlich ist noch zu erwähnen, daß die Kommission das für das Ermittelungsverfahren bestehende Recht des Richters, einen von ihm als unschuldig Erkannten *ohne Zustimmung des Staatsanwalts und auch gegen dessen Widerspruch* aus der Haft zu entlassen, beseitigt. Es wird dies mit den Worten motiviert, es sei zwar die Verhaftung in die Hand des Richters gelegt, aber die Verantwortlichkeit für den Gang des vorbereitenden Verfahrens falle der Staatsanwaltschaft zu. Also: Verhaften darf der Richter selbständig, einen für schuldlos Erkannten jedoch nicht wieder in Freiheit setzen ohne Zustimmung des Staatsanwalts. Ist diese Änderung auch *praktisch* ohne große Bedeutung, so ist sie doch wegen des darin zum Ausdruck kommenden *theoretischen* Gedankens interessant.

Endlich noch einige Worte über die *Kollusionshaft*. Sie ist entstanden mit dem Inquisitionsprozeß und daher Staaten, die diesen nicht kennen, wie England, stets als eine Barbarei erschienen[9]). Es gibt keine gröblichere Ungerechtigkeit, als die verschiedene Beurteilung, welche die Sammlung des Be- und des Entlastungsmaterials im geltenden Rechte erfährt. Während dem Staatsanwalt die ganzen unbegrenzten Machtmittel des Staates, die Hilfe der gesamten Polizei zur Herbeischaffung des Verfolgungsmaterials zur Verfügung stehen, hängt fortdauernd über dem Angeklagten das Damoklesschwert, auf bloße Vermutungen hin in Haft genommen zu werden, sobald er in energischer Weise seinen Entlastungsbeweis sammelt, zumal die Fassung des Gesetzes dem subjektiven Belieben Tür und Tor offen läßt. Unter den heutigen Verhältnissen kann es ein Angeklagter kaum wagen, einen Zeugen über seine Wissenschaft zur Sache zu befragen, um ihn dem Gericht zu benennen. Er läuft dringend Gefahr, sofort wegen Kollusionsverdachts in Untersuchungshaft genommen zu werden. Eine Lücke im Gesetz würde sich durch den Fortfall dieses Haftgrundes schon deshalb sicher nicht fühlbar machen, da die schwereren Fälle wirklicher Kollusion, Verleitung von Zeugen zum Meineid, Verbrechen sind, derentwegen die Untersuchungshaft ohnedies zumeist verhängt werden wird.

Auch aus dem Kreise der Kommissionsmitglieder wurden einige Argumente gegen die Kollusionshaft geltend gemacht. Es wurde u. a. hervorgehoben, daß sie sich immer nur gegen den Angeschuldigten richte, nicht aber, wenn zu seinen Ungunsten Zeugen beeinflußt werden, z. B. durch den Verletzten und andere Personen, die ein Interesse an seiner Verurteilung hätten. Endlich treffe sie den Armen härter als den Vermögenden, für den auch im Falle der Haft durch Freunde und Verteidiger gesorgt sei.

Mit einer Mehrheit von allerdings nur einer einzigen Stimme entschloß sich die Kommission zur Beibehaltung des Instituts. Nicht einmal dazu konnte man sich verstehen, ihm den Charakter der berüchtigten Verdachtsstrafe des Mittelalters zu nehmen und zu fordern, daß wenigstens erst der tatsächlich unternommene Kollusionsversuch die Haft rechtfertige. Ebensowenig fand der Gedanke des österreichischen Rechts, die Kollusionshaft auf einen bestimmten Zeitraum zu beschränken, da innerhalb eines solchen jeder arbeitsame

---

[9]) Vgl. hierzu die vortreffliche Darstellung bei Carl Meyer Kritische und vergleichende Darstellung der Strafverfolgung und Voruntersuchung nach den kantonalen Strafprozeßordnungen, Leipzig 1897 bei Fock S. 139 ff.

Richter den wesentlichen Tatbestand soweit aufklären könne, daß eine Verdunkelung nicht mehr zu befürchten sei, den Beifall der Kommission. Man wendete ein, daß dann für einfache Fälle die Gefahr bestehe, daß der Richter die Haft unnötigerweise bis zum Ablauf der Frist fortdauern lassen werde. Ja in aller Welt, was für Richter hat die Kommission im Auge! Außerhalb der Kommission wird niemand ihnen ein solches unsinniges Verhalten zutrauen.

Der Schutz der Belastungszeugen in der Hauptverhandlung.

Die Hauptverhandlung ist der am besten geregelte Abschnitt unsrer Strafprozeßordnung. Hier hat der Angeklagte wesentliche Rechte und eine gewisse Selbständigkeit gegenüber der richterlichen Omnipotenz. Die Hauptverhandlungen in zwei großen politischen Prozessen der Gegenwart, die leicht zur Erregung der Leidenschaften führen konnten, im Königsberger Hochverratsprozeß und im Prozeß vor dem Landgericht Trier gegen den früheren Bergmann Krämer, bewiesen, daß die deutsche Strafprozeßordnung allen billigerweise an die Regelung des Hauptverfahrens zu stellenden Anforderungen im großen und ganzen genügt, wenn nur, wie es in diesen beiden Prozessen geschah, der Vorsitzende die gesetzlichen Vorschriften treu befolgt und die den Prozeßparteien vom Gesetz gewährten Rechte mit Verständnis respektiert.

Die in der Hauptverhandlung dem Angeklagten gewährte Selbständigkeit und Verteidigungsfreiheit aber hat die Büreaukratie dem deutschen Volke niemals gegönnt. Immer stärker ist das Bestreben zutage getreten[10]), den Angeklagten auch hier unter die Botmäßigkeit des Gerichts zu stellen und das Verfahren in diesem wichtigen Augenblicke, gleich dem Vorverfahren, ebenfalls in einen Inquisitionsprozeß zu verwandeln. Allerdings geht es nicht gut an, die Anwesenheit des Angeklagten analog dem Vorverfahren auch für die Hauptverhandlung geradezu zu verbieten. Immerhin kann man sich diesem

---

[10]) Vgl. z. B. Leuschner in der Deutschen Juristenzeitung 1904, Nr. 2, S. 110 und Kade, Der deutsche Richter S. 110.

nicht erreichbaren Ideal wenigstens dadurch nähern, daß man die Beweisfreiheit des Angeklagten beschränkt und nur die dem Gericht geeignet erscheinenden Beweismittel zuläßt.

Diese Bestrebungen haben jetzt ihren Niederschlag in den Beschlüssen der Strafprozeßkommission gefunden.

Diese beansprucht zunächst das Recht für den Vorsitzenden, Fragen an Zeugen oder Sachverständige, deren Beantwortung diesen selbst oder einem ihrer Angehörigen oder einem andern Zeugen oder Sachverständigen zur Unehre gereichen könnte, zurückzuweisen, sofern ihm der zu bekundende Umstand für die Entscheidung unerheblich erscheint. Die Kommission folgert aus den gemachten Erfahrungen, daß Zeugen oder Sachverständige häufig ohne Grund durch Fragen des Angeklagten und seines Verteidigers in öffentlicher Sitzung bloßgestellt seien. Die persönlichen und die Familienverhältnisse der Zeugen seien benutzt, um sie in Verwirrung zu bringen, den Wert ihrer Aussagen herabzusetzen, oder auch lediglich in der Absicht, sie zu beleidigen. Dagegen gewähre unser geltendes Recht, das nur die Zurückweisung nicht zur Sache gehöriger Fragen gestatte, keinen Schutz. Denn als zur Sache gehörig müßten die Fragen schon deshalb anerkannt werden, weil sie auf die Glaubwürdigkeit der Zeugen Licht zu werfen geeignet sind. Auch dürfe man eine erzieherische Wirkung von der Vorschrift erhoffen. Ihr bloßes Bestehen werde hoffentlich Angeklagte und Verteidiger davon abhalten, die Ehre der Zeugen und Sachverständigen durch unpassende und überflüssige Fragen anzugreifen.

Der Kommission gehörten eine ganze Anzahl von Rechtsanwälten an. Keiner von diesen hat es unter seiner Würde gehalten, nach diesem dem Anwaltstande angetanen **Schimpf** der Kommission weiter anzugehören, keiner hat sogar auch nur Worte des Protestes gefunden. Der Vorschlag ist vielmehr einstimmig angenommen.

In der Sache ist er von äußerster praktischer Tragweite. Die Kommission erkennt selbst an, daß die Fragen, welche in Zukunft nicht mehr gestattet sein sollen, auf die Glaubwürdigkeit der Belastungszeugen Licht zu werfen geeignet sind, d. h. doch mit andern Worten, daß sie für jeden, der die Ermittelung der Wahrheit als Ziel des Strafprozesses ansieht, von äußerster Erheblichkeit und entscheidendster Bedeutung sind. Das Verbot dieser Fragen führt mithin im Effekt zu einer Unterdrückung der Aufklärung des Sachverhalts.

Der Angeklagte ferner wird gegenüber den Belastungszeugen vogelfrei. Man stelle sich nun einmal das Verfahren auf Grund der Kommissionsvorschläge vor. Im Vorverfahren sitzen im Zimmer des Untersuchungsrichters neben dem Richter der Staatsanwalt und die Zeugen. Der Angeklagte und sein Verteidiger müssen im Interesse der öffentlichen Ordnung vor der Türe Halt machen. Der Staatsanwalt sorgt dafür, daß das Protokoll die der Anklage genehme Aussage recht vollständig widergibt. Nachdem sie niedergeschrieben ist, wird der Zeuge flugs vereidigt, was, wenn der Angeklagte in Untersuchungshaft sitzt, jetzt ohne jede Einschränkung geschehen kann. Nun kommt es zur Hauptverhandlung. Hier endlich stehen sich zum erstenmal Angeklagter und Zeuge Auge in Auge gegenüber. Daß es den Vorhaltungen des Angeklagten gelingen könnte, den Zeugen zu einer Abänderung seiner vielleicht falschen Aussage zu bewegen, ist ausgeschlossen, da ja damit der Zeuge sich selbst des Meineids bezichtigen würde. Der Angeklagte versucht nun, die Wahrheitsliebe, den Charakter, die Intelligenz des Belastungszeugen ins rechte Licht zu rücken, indem er von der naiven Empfindung ausgeht, daß das Gericht, bevor es jemanden ins Gefängnis steckt, sich die Persönlichkeit des Denunzianten gar nicht genau genug ansehen kann und jede in dieser Beziehung nur mögliche Erkenntnisquelle benutzen muß. Die Strafprozeßkommission versperrt dem Angeklagten auch diesen letzten Ausweg. Wie Pilze aus der Erde können dann, ohne daß eine Abhilfe in der Revisionsinstanz möglich ist, Formeln schießen wie etwa die, der Zeuge mache einen durchaus glaubwürdigen Eindruck, seine Darstellung habe die volle, innere Wahrscheinlichkeit für sich, die gerichtsnotorische Gesinnung des Angeklagten lasse über die verleumderische Absicht, den aufreizenden Charakter seiner Worte keinen Zweifel. Aus allen diesen Gründen stehe für das Gericht fest, daß der Zeuge im vorliegenden Falle die Wahrheit bekundet habe, selbst wenn er sonst ein so notorischer Lump sei, wie der Angeklagte behaupte und unter Beweis stelle. Dieser sei daher für die Entscheidung unerheblich, zumal das Gericht die Überzeugung erlangt habe, daß der Angeklagte seine frivole Beschuldigung nur zur Herabsetzung des wohlgesinnten Mannes aufgestellt habe usw. bis ins Unendliche.

Endlich noch ein letztes: Die Kommission stellt ihre Behauptungen, aus denen sie die Notwendigkeit für die Maßregelung des Angeklagten und seines schlecht erzogenen Verteidigers begründet, zwar sehr bestimmt auf, aber, ohne den Schatten eines Beweises zu erbringen. Dies würde ihr wohl auch gar nicht leicht werden. Denn nicht viele Menschen, die die Säle unsrer Strafgerichte unbefangen durchwandern, werden von einer schlechten Behandlung der Belastungszeugen etwas bemerkt haben. Dagegen werden sie, auch wenn sie von der Sache nicht ein Sterbenswörtchen wissen, noch bevor der Zeuge den Mund aufmacht, aus dem ihm zuteil werdenden Empfang oft mit untrüglicher Sicherheit sofort erraten, ob vor dem Richtertisch ein Be- oder ein Entlastungszeuge steht. Die vorläufige Nichtvereidigung des Zeugen wegen des Verdachts der Teilnahme, das energische Examinatorium über seine Vorstrafen, sein Vorleben und seine Beziehungen zum Angeklagten, die scharfen Worte, in die die Verwarnung wegen Meineids gekleidet ist, und vieles andre klären schnell darüber auf, ob es sich um einen vom Staatsanwalt oder vom Angeklagten geladenen Zeugen handelt.

Im Gegensatz zur Kommission wollen wir die Tatsachen reden lassen. Wie selten erfolgt in Streikprozessen die Vereidigung der Genossen des Angeklagten beim Streik; das geringste Moment reicht aus, um sie als der Teilnahme verdächtig anzusehen. Wann erlebt man je die Anerkennung ihrer Glaubwürdigkeit gegenüber dem angeblich bedrohten Arbeitswilligen? Der vom Angeklagten bezahlte Detektiv und das von ihm herbeigeschaffte Material werden unter die Lupe schärfster Kritik genommen; der vom Grafen Hektor Kwilecki gegen die Angeklagte geworbene Privatspitzel Hechelski aber darf zehntausend Rubel einem Zeugen bieten, ohne daß auch nur ganz leise der Verdacht der Verleitung zum Meineid rege wird. Die von der Verteidigung geladenen Sachverständigen, erste Gelehrte, sprechen in wissenschaftlichen Zeitschriften mit Bitterkeit von der Skepsis, die von seiten des zur Entscheidung im Plötzensee-Prozeß berufenen Gerichtshofes wie Mehltau sich auf alles herabgesenkt habe, was dem sachverständigen Munde entquoll und beklagen sich darüber, daß ein Sachverständiger ein Gutachten über die wissenschaftliche Qualifikation des andern abgeben mußte, was doch wahrlich nicht auf Anregung der Verteidigung geschehen ist[11]). Und ein andrer in diesem Prozeß vernommener Sachverständiger, ebenfalls ein hervorragender Gelehrter, schreibt wörtlich[12]):

---

11) Mönkemöller, Deutsche medizinische Wochenschrift 1905, Nr. 27 u. 28.
12) Placzek, Berliner klinische Wochenschrift 1905, Nr. 29.

„Geradezu kläglich erwies sich die Stellung des Arztes vor Gericht gelegentlich eines Vorkommnisses, das der bekannte Gewerbehygieniker Professor S. erlebte. Dieser mußte es sich gefallen lassen, daß die Kgl. Staatsanwaltschaft ihn in breitester Öffentlichkeit über seine Gutachterqualitäten befragte oder, besser gesagt, inquirierte. Ein solches Inquisitorium hielt der Gerichtshof für zulässig, und dabei hat jeder Gerichtshof das Recht der freien Beweiswürdigung, kann also ein ärztliches Gutachten bewerten, wie es ihm beliebt. Sollte die Kgl. Staatsanwaltschaft, der doch jeder Informationsweg zu Gebote steht, wirklich keinen andern Zeitpunkt zur Information für geeignet gehalten haben, als den Augenblick des persönlichen Eingreifens des Sachverständigen? Ahnte die Kgl. Staatsanwaltschaft nicht, wie peinlich es für einen feinfühligen Arzt, der vom Gesetz gezwungen wird, „unparteiisch und nach bestem Wissen und Gewissen" sein Gutachten zu erstatten, sein muß, nun seine Verdienste einem allverehrten Publikum vorzuführen? Daß schließlich ein andrer Sachverständiger in öffentlicher Sitzung über die Gutachterqualitäten des erstgenannten aussagen mußte, war nur eine Seltsamkeit mehr in diesem an Seltsamkeiten reichen Prozeß."

Endlich sei an die Behandlung des Kellners Meyer im Schweinert-Ruhstrat-Prozeß zu Oldenburg erinnert und an die Vorgänge und Ursachen, die zu seiner Verhaftung geführt haben.

Niemand wird gewiß dem Vorsitzenden und dem Staatsanwalte das Recht beschränken wollen, auch die Entlastungszeugen auf Herz und Nieren zu prüfen.

Aber was wir fordern müssen, ist, daß man dann auch die sich täglich abspielenden Vorgänge nicht wegleugnet. Denkt man an die vorerwähnten Beispiele, so heißt es doch die Tatsachen einfach auf den Kopf stellen, wenn man nach neuen Gesetzen ruft, um endlich dem Unfug ein Ende zu bereiten, daß Angeklagter und Verteidiger die armen, gehetzten Belastungszeugen beleidigen und schmähen. Kein Eingeweihter kann diese Ausführungen ohne Lächeln anhören, sie klingen wie eine Ironie auf die Wirklichkeit. Das krasse Gegenteil von dem, was die Kommission willkürlich und beweislos behauptet, ist wahr und ihr der Entrechtung des Angeklagten dienender Vorschlag daher durch nichts gerechtfertigt.

Der Umfang der Beweisaufnahme in der Hauptverhandlung.

Die Kommission geht aber noch einen erheblichen Schritt weiter. Das Grundrecht, welches die Strafprozeßordnung dem Angeklagten gewährt, ja das einzige, wirkliche Recht, das er überhaupt hat, daß die von ihm geladenen Zeugen und Sachverständigen vernommen werden müssen, soll ihm genommen werden, zwar nur mit „vorsichtiger Mäßigung", wie Hamm[13]) meint. In Wahrheit jedoch ist diese „vorsichtige Mäßigung" nur der äußeren Form nach vorhanden, materiell ist der Vorschlag der Kommission von einschneidendster Bedeutung.

Daß die Vorschrift des § 244 der Strafprozeßordnung sich als bestes, unentbehrliches Hilfsmittel für jedes Gericht bewährt hat, das die Ermittelung der objektiven Wahrheit als Ziel eines Prozesses ansieht und nicht lediglich ein von vornherein gewünschtes Ergebnis durch die Beweisaufnahme bestätigt sehen will, ist uns oft von den Praktikern selbst bestätigt worden. Sie geben zu, daß ein einziger vom Angeklagten geladener Zeuge und namentlich Sachverständiger vielfach mit einem Schlage das ganze Bild über den Haufen geworfen hat, welches sich Vorsitzender und Referent aus den Akten und der Hauptverhandlung nach langen, ermüdenden und völlig unerheblichen Vernehmungen über das Vorhandensein oder die Größe der Schuld gebildet haben.[14])

Die Richtigkeit dieser Behauptung haben die großen politischen Prozesse der letzten Zeit von neuem bestätigt. Das, was im Königsberger Hochverratsprozeß Staatsanwalt und Oberstaatsanwalt mit dem russischen Generalkonsul, ferner Untersuchungsrichter, Beschwerdekammer, Oberlandesgericht und endlich die Eröffnungskammer in langen Monaten; während deren die Angeklagten in Untersuchungshaft saßen, nicht gefunden hatten, daß weder rechtlich noch der tatsächlichen Handhabung nach Rußland dem deutschen Reich die Gegenseitigkeit verbürge, — dies Wunder, den Zusammenbruch der Anklage, wirkte das von den

---

[13]) Deutsche Juristenzeitung von 1905 Nr. 14.

[14]) S. z. B. Köhne, Der deutsche Strafprozeß, J. Guttentag 1905, S. 39, und vor allem Binding, Der Entwurf eines Gesetzes, betreffend Änderungen und Ergänzungen des Gerichtsverfassungsgesetzes und der Strafprozeßordnung, Berlin, Carl Heymann 1895, S. 12.

Angeklagten herbeigeschaffte Material und ihr Sachverständiger, der Professor von Reußner, in kürzester Frist. Das Reichsgericht[15]) erkennt dies alles in dem die Revision des Staatsanwalts verwerfenden Urteil ganz in Übereinstimmung mit dem Urteil der Strafkammer in Königsberg auch rückhaltlos an.

Ähnlich wie in Königsberg ging es im Plötzensee-Prozeß. Einen Strafanstaltsbeamten nach dem anderen ließ die Staatsanwaltschaft vernehmen, um den Mörder Grosse als Muster der Intelligenz hinzustellen. Nach Vernehmung der von den Angeklagten geladenen Zeugen hatte selbst der Sachverständige der Anklagebehörde, Medizinalrat Leppmann, keinen Zweifel mehr, daß man einen Geisteskranken in Strafhaft belassen habe.

Und weil der Bergmann Krämer trotz Ablehnung aller seiner Beweisanträge in Saarbrücken hartnäckig genug war, durch direkte Ladung die Beweisaufnahme über den von der Bergverwaltung geübten Mißbrauch ihrer Macht zu erzwingen, erreichte er das ihm volle Genugtuung gewährende, die Erheblichkeit der früher abgelehnten Beweisanträge anerkennende Urteil der Strafkammer in Trier.

Welches sind nun demgegenüber die Gründe, die die Kommission zur Rechtfertigung des Vorschlags anführt, dem Angeklagten das einzige ihm gebliebene wirkliche Verteidigungsrecht zu nehmen? Sie führt zunächst einen Angeklagten ins Feld, der durch ganz überflüssige, zweck- und sinnlose Beweisanträge das ihm vom Gesetz gewährte Recht mißbraucht. Wer die Macht erwägt, welche das Gericht über den Angeklagten, insbesondere bei Abmessung der Strafe hat, wer bedenkt, daß es wegen derselben Tat ganz nach freiem Ermessen oft Tage oder Jahre aus dem Leben eines Menschen streichen kann, der wird über die Mär von dem Angeklagten lächeln, der unter Aufwendung großer Kosten die unsinnigsten Beweismittel zur Stelle schafft, nur um die Geduld des Gerichts auf die Probe zu stellen, sich dessen Sympathien gewaltsam zu verscherzen und so sich eine möglichst hohe Strafe zu erringen. Und gibt es wirklich einmal einen solchen an der Schwelle der Geisteskrankheit stehenden Querulanten, so ist dieser gewiß mögliche und auch vorgekommene Ausnahmefall,

---

15) Urteil des 2. Strafsenats vom 6. Mai 1905 in Sachen Nowagrotzki und Genossen, mitgeteilt in der Deutschen Juristenzeitung vom 15. Juli 1905, S. 679 ff.

der eine Viertelstunde nutzlos vergeudeter Zeit dem Gericht kostet, wahrlich nicht geeignet, um darauf eine Maßregel zu gründen, die jeden Angeklagten rechtlos machen kann. Endlich beachte man, daß das Gericht auch heute bereits die Macht hat, Fragen, welche in keinem Zusammenhange mit der Sache stehen, in allen Fällen zurückzuweisen.

Der zweite Grund, den die Kommission anführt, ist, daß der Angeklagte häufig, insbesondere bei Anklagen wegen Nahrungsmittelfälschung und Patentverletzungen, aus dem Kreise seiner Berufsgenossen angebliche Sachverständige geladen habe. Nun wird man aber doch wohl im allgemeinen annehmen können, daß der Berufsgenosse der beste, weil kundigste Sachverständige ist. Sprechen aber gegen seine Person Bedenken, so hindert nichts den Staatsanwalt, ihn abzulehnen, nichts das Gericht ihn in einer unanfechtbaren Entscheidung sofort wegen Mißtrauens gegen seine Unparteilichkeit auszuschalten. Man erinnere sich auch hier nur an den eklatanten Vorgang aus dem Plötzensee-Prozeß, in dem auf Beschluß des Gerichts ein hochangesehener, in seinem Fach hervorragender Arzt die Sachverständigenbank verlassen mußte, weil er während des Schwebens des Prozesses sich in einer wissenschaftlichen Zeitschrift über Fragen kritisch geäußert hatte, die im Prozesse berührt und von weittragender wissenschaftlicher Bedeutung waren, ohne daß der Artikel auch nur mit einem Worte den Gegenstand des Prozesses selbst streifte.[16]) Bei dieser außerordentlichen Machtbefugnis des Gerichts ist jede weitere Kautel überflüssig.

Drittens erscheint auch hier wieder die Rücksicht auf das verzärtelte, wie ein Kranker vor jedem rauhem Luftzug behütete Schoßkind der Kommission, den Belastungszeugen. Nicht nur, daß ihn in das rechte Licht stellende, ihm peinliche Fragen von Vorsitzenden in Zukunft zurückgewiesen werden dürfen, wovon bereits die Rede war, so soll auch noch der Umstand, daß häufig Zeugen geladen sind, welche wahrheitsgemäß allerlei Schwarzes aus dem Vorleben des Mannes bekunden mußten, auf dessen Zeugnis hin ein unbescholtener Mensch seiner Freiheit beraubt werden kann, genügen, den Angeklagten dem Denunzianten wehrlos preiszugeben.

---

[16]) Vergleich hierzu die zutreffenden Ausführungen von Brückmann, Zeitschrift Bd. 25, S. 939, der den in Frage stehenden, in der medizinischen Reform vom 27./5. veröffentlichten Artikel des Dr. Munter ein Muster von Sachlichkeit nennt. S. auch Placzek a. O.

Endlich wird als letztes Argument angeführt, daß man zu dem Gericht das Vertrauen haben könne, es werde die Verteidigungsinteressen gebührend wahren. Von diesem Standpunkte aus könnte man die ganze Strafprozeßordnung über Bord werfen, die ja nichts anderes ist, als eine gesetzlich vorgeschriebene Methode der Wahrheitserforschung zur Verhütung möglicher Mißbräuche, und sie durch den einen Paragraphen ersetzen: Der Richter, zu dem wir das erforderliche Vertrauen haben, bestimmt das Verfahren, auf Grund dessen er das materielle Strafrecht anwendet, nach freiem Ermessen.

Aber, so fügt die Kommission hinzu, das Gericht soll nur dann von der Erhebung der Beweise absehen dürfen, wenn es die zu beweisenden Tatsachen zu gunsten des Angeklagten für erwiesen oder einstimmig für unerheblich erachtet. Wie ungefährlich und unbedenklich klingt das und was steckt nicht alles hinter dieser scheinbaren Harmlosigkeit! Jede Entscheidung über Schuld und Strafe kann auf ein paar Tatsachen gegründet und daher alles nur Denkbare als unerheblich angesehen werden, dessen Feststellung durch eingehende Beweisaufnahme zur Beleuchtung des ganzen Falles für den Angeklagten von größter Wichtigkeit ist. Ein beleidigendes Wort in einem Zeitungsartikel, eine nicht ausdrücklich konkrete Einzelheiten anführende, allgemein gehaltene Kritik genügt dann, um dem angeklagten Redakteur den Wahrheitsbeweis radikal abzuschneiden. Er ist unerheblich, da nur die in der Form beleidigende Wendung unter Anklage stehe. Man kann sicher sein, daß die Anklagen wegen Beleidigung bis ins Ungemessene wachsen und die Erörterungen allgemeiner Mißstände zur Unmöglichkeit werden würden, wenn nicht mehr zu fürchten ist, daß der Angeklagte durch Ladung von Zeugen den oft den Beleidigten zum Angeklagten machenden Wahrheitsbeweis zu erbringen die Möglichkeit hat. Bekanntlich hat sich das Reichsgericht neuerdings auf den Standpunkt gestellt, daß im Falle einer Anklage aus § 185 StGB. das Gericht die Erhebung des angebotenen Wahrheitsbeweises stets mit der Motivierung ablehnen dürfe, daß auch im Falle seines Gelingens dies einen Einfluß auf das Strafmaß nicht üben würde.[17]) Diese Judikatur in Verbindung mit dem Recht des Gerichts, auch die Vernehmung der vom Angeklagten für die Richtigkeit seiner Behauptungen geladenen Zeugen abzulehnen, muß zu einer äußerst bedenk-

[17]) Vgl. Entscheidungen Bd. 35 S. 228/232 und Urteil des 3. Strafsenats vom 9. Oktober 1905 3 D 1085/1905.

lichen Einschränkung, ja zur Vernichtung der Rede- und Preßfreiheit und zur Einschüchterung jeder, auch in der lautersten Absicht vorgenommenen Kritik führen. — Oder ein zweites Beispiel: Wie leidenschaftlich schallt vielfach die Klage, daß bei Konflikten jeglicher Art zwischen dem Bürger und dem unteren Exekutivbeamten regelmäßig bei Abwägung der Glaubwürdigkeit dem letzteren der Vorzug gegeben wird. Diese Stimmung der Gerichte konnte der Angeklagte nur paralysieren durch Heranziehung analoger Vorgänge aus dem dienstlichen Vorleben des Beamten, die seine Unzuverlässigkeit ergaben. In Zukunft ist, wenn die Vorschläge der Kommission Gesetz werden sollten, jeder solche Beweisantritt verlorene Liebesmüh. Die Begründung, diese oder jene Momente ließen die innere Wahrscheinlichkeit der Richtigkeit der Aussage des Beamten im vorliegenden Falle zweifelsfrei erscheinen, macht alle für seine Unglaubwürdigkeit angetretenen Beweise unerheblich.

Den Belastungszeugen ferner steht der Angeklagte, wenn die Vorschrift Gesetz werden sollte, wehrlos gegenüber. Wie selten kommt es heut vor, daß das Gericht auf Antrag Zeugen ladet, welche über die Unglaubwürdigkeit des Belastungszeugen, die Mängel seines Wahrnehmungs- und Erinnerungsvermögens Bekundungen machen sollen, und wie häufig stellt sich die Erheblichkeit der sodann vom Angeklagten selbst geladenen Zeugen in der Hauptverhandlung heraus! Unter Zugrundelegung der Kommissionsbeschlüsse wird eine solche Beweisaufnahme regelmäßig abgelehnt werden, nachdem das Gesetz dem Richter die Fähigkeit eines Gedankenlesers verliehen hat und ihm gestattet, schon vor der Erhebung eines Beweises seine Erheblichkeit zu beurteilen.

Vor allem aber würde die Annahme der vorgeschlagenen Bestimmung zu Ungunsten des Angeklagten für die Frage der Strafzumessung wirken. Es gibt kaum eine mit der konkreten Strafsache in irgend einem Zusammenhange stehende Frage, welche nicht bei Abmessung der Höhe der Strafe für den Angeklagten entlastend wirken kann. Wenn z. B. bei der letzten großen Metallarbeiter-Aussperrung in Berlin die Strafen für die dabei angeblich vorgekommenen Ausschreitungen zumeist hinter den sonst für derartige Fälle üblichen, außerordentlich hohen Strafen zurückblieben, so hatte dies darin seinen Grund, daß die Angeklagten durch Herbeischaffung von Beweismitteln den durchschlagenden Nachweis erbrachten, daß die Fabrikanten vielfach mit äußerster, alle Tatbestandsmerkmale der Erpressung im Sinne der Rechtsprechung des Reichsgerichts erfüllenden Rücksichtslosigkeit die Aussperrung begonnen und durchgeführt hatten. In Zukunft würde jede derartige Beweisführung als für die Entscheidung unerheblich abgelehnt werden, ohne daß man daraus den vielbeschäftigten, durch eine lange Sitzung ermüdeten Richtern einen Vorwurf machen kann. Binding[18]) hat durchaus Recht, wenn er sagt:

„Ist das Gesetz lässig, verstattet es den Richtern die Wahl zwischen müheloser, zeitsparender Bequemlichkeit und mühevoller, sich lang hindehnender, anstrengender Arbeit, dann bleiben nur die ganz hervorragenden fest, und alle anderen denken: Warum königlicher als der König."

Auch dann soll, so sagt die Kommission weiter, das Gericht den Umfang der Beweisaufnahme nach diskretionärem Ermessen bestimmen dürfen, wenn es eine Tatsache zugunsten des Angeklagten für erwiesen erachtet. Dies erscheint auf den ersten Blick gewiß unbedenklich, da der Angeklagte ja nicht mehr verlangen könne, als daß man seinen Behauptungen ohne weiteres Glauben schenke. Allein auch dieser Vorschlag hat eine überaus ernste Seite. Als wahr unterstellt, das weiß jeder Praktiker, wird eine Tatsache heute zumeist dann, wenn das Gericht eine Vertagung vermeiden will und die Verurteilung auch anders begründen kann, als unter Benutzung der Tatsache, auf welche der Beweisantrag sich bezieht. Der streikende Arbeiter z. B. tritt Beweis dafür an, daß er sich nur deshalb zu Ausschreitungen gegen den Arbeitswilligen habe hinreißen lassen, weil dieser systematisch die Streikenden verhöhnt und provoziert habe. Lehnt der Vorsitzende die Ladung der hierfür benannten Zeugen ab, da die Tatsache als wahr unterstellt werde, so wird jeder erfahrene Verteidiger die Zeugen selbst laden. Denn er weiß, daß die Unterstellung der Wahrheit der Behauptung eine leere, inhaltslose Redewendung ist, während es auf das Gericht unmöglich den Eindruck verfehlen kann, wenn der Nachweis des frechen Auftretens des Gegenzeugen gelingt. In Zukunft soll die Zulässigkeit einer solchen Beweisaufnahme abgeschnitten und die richterliche Übermacht ins Maßlose gesteigert werden.

Aber es kommt noch etwas weiteres hinzu: Der Staatsanwalt weiß genau, was die von ihm benannten Zeugen bekunden können, er hat sie vorher ausführlich vernommen. Der Angeklagte ist nicht

---

[18]) a. O. S. 24.

in der gleichen glücklichen Lage. Er entnimmt aus irgendwelchen Momenten, daß der Zeuge wesentliches zu seineu Gunsten zu sagen vermag. Was, entzieht sich seiner Kenntnis und kann auch von ihm nicht in Erfahrung gebracht werden. Denn jede Besprechung mit dem Zeugen setzt ihn der Gefahr aus, wegen Kollusionsverdachtes in Untersuchungshaft genommen zu werden, wozu ja nicht selten einfache Vorbereitungsakte für die Verteidigung genügt haben. Mit der Annahme der Richtigkeit einer einzelnen Tatsache ist also dem Angeklagten oft garnicht gedient. Er will, daß der Zeuge seine gesamte Wissenschaft zur Sache dem Gericht sage, sonst wird der Angeklagte stets die Empfindung behalten, daß nicht Recht, sondern unter der Form des Rechts Gewalt gegen ihn geübt sei.

Noch wichtiger als die Vernehmung der geladenen Zeugen ist vielleicht die der Sachverständigen. Jeder in Kriminalsachen bewanderte Rechtsanwalt wird ohne Nachdenken Dutzende von Fällen anführen können, in denen das freisprechende Urteil auf dem Gutachten des vom Gericht abgelehnten und sodann von ihm geladenen Sachverständigen beruhte.

Als einzigen Trost für diese Entrechtung des Angeklagten gewährt ihm die Kommission die Verpflichtung des Vorsitzenden, dem Angeklagten im Gegensatz zum geltenden Recht zu eröffnen, daß er die gerichtsseitig abgelehnten Zeugen selbst laden könne. Ob sie dann allerdings vernommen werden, steht im Ermessen des Gerichts, das die Zeugen auch unvernommen nach Hause schicken kann. Mutet diese Regelung nicht wirklich wie eine Ironisierung des Angeklagten an?

Die Kommisssion hat die hier besprochene Änderung des geltenden Rechtes mit Stimmengleichheit beschlossen, wobei die Stimme des Vorsitzenden, wie auch sonst noch in wesentlichen Punkten, zu ungunsten der Rechtsstellung des Angeklagten den Ausschlag gegeben hat. Es liegt also auch hier eine reine Zufallsabstimmung vor. Besonders interessant ist aber noch, daß die Kommission sich in der ersten Lesung ganz im entgegengesetzten Sinne, als bei der zweiten, ausgesprochen hatte. Bei der ersten Lesung singt sie einen wahren Hymnus auf den hohen Wert des geltenden Rechts und erklärt die in zweiter Lesung von ihr akzeptierten Argumente für grundfalsch. In der Einleitung zu den Kommissionsberichten wird uns erzählt, daß die Kommissionsmitglieder an keinerlei Instruktionen gebunden waren und nur nach ihrer freien wissenschaftlichen Überzeugung sich aussprechen sollten.

Wenn aber diese Überzeugung bei Fachmännern in der grundlegendsten Frage, neben der alle anderen Fragen an Bedeutung verschwinden, so wenig männlich fest und klar ausgebildet ist, daß heute schwarz ist, was gestern weiß war, so wird wohl auch der wohlwollendste Beurteiler zugeben müssen, daß nach dieser entscheidenden, völlig mißlungenen Probe die Strafprozeßkommission den Zweck, zu dem sie zusammenberufen war, nicht erfüllt hat.

Das summarische Verfahren.

Aus dem Entwurf zur Strafprozeßordnung von 1894 entlehnt die Strafprozeßkommission die exorbitante Erweiterung des sogenannten abgekürzten oder summarischen Verfahrens. Die an Schneidigkeit und Rücksichtslosigkeit gegen den Verdächtigen alles nur Denkbare übertreffenden Vorschläge der Kommission gehen dahin: Bei Übertretungen ohne jede Ausnahme und bei allen Vergehen, sofern der Beschuldigte auf frischer Tat betroffen und vorläufig festgenommen ist, oder sofern der Beschuldigte die ihm zur Last gelegte Tat eingesteht, — einige weitere, hier nicht interessierende Fälle lassen wir unerwähnt — ist auf Verlangen der Staatsanwaltschaft der Angeklagte in einem abgekürzten Verfahren abzuurteilen. Dieses findet in allen Fällen, also auch für jede Art von Vergehen, vor dem Amtsrichter ohne Zuziehung von Schöffen statt. Die Staatsanwaltschaft führt den Beschuldigten ohne Einreichung einer Anklageschrift dem Amtsrichter mit dem Antrag auf sofortige Aburteilung vor. Dieser teilt dem Angeklagten mündlich mit, was ihm zur Last gelegt wird, und schreitet sodann sofort oder spätestens am zweiten Tage nach der Vorführung zur Hauptverhandlung, wobei er zugleich auch über die Verhaftung oder Freilassung des Angeklagten entscheidet. Ob dieser seine Zustimmung zu der mit ihm vorgenommenen Prozedur gibt oder nicht, ist ohne Bedeutung. Sie findet auch gegen seinen ausdrücklichen Widerspruch statt. Die zur Beratung der Lex Rintelen vom Reichstag gewählte Kommission machte nach reiflicher Beratung die Anwendung des summarischen Verfahrens von der Einwilligung des Angeklagten abhängig. Diese Voraussetzung sollte sich in einem Rechtsstaat von selbst verstehen. Man werde sich nur klar, wie das summarische Verfahren nach den Vorschlägen der Strafprozeßkommission in der Praxis vor sich gehen wird. Ein Redner in einer Versammlung tut einen Ausspruch, in dem der überwachende Schutzmann eine Straftat, etwa eine Majestätsbeleidigung, Aufreizung, Aufforderung zum Ungehorsam gegen die Gesetze, Beleidigung oder dergl. findet. Der auf frischer Tat ergriffene Redner wird vorläufig festgenommen und sodann dem zuständigen Amtsgericht vom Staatsanwalt zur sofortigen Aburteilung vorgeführt. Als einzigen Tatzeugen ladet der Staatsanwalt zur Hauptverhandlung den Schutzmann. Namen von Gegenzeugen oder sonstiges Verteidigüngsmaterial kann sich der seiner Freiheit Beraubte nicht beschaffen. Auch einen Verteidiger sich anzunehmen ist er nicht in der Lage, denn innerhalb 24 Stunden findet die Hauptverhandlung statt. Ungefähr aber so viel Zeit dauert es bei unserem bureaukratischen Geschäftsgang, bis die Bitte des Angeklagten um Briefpapier, auf dem er einen Rechtsanwalt um seinen Besuch ersuchen will, an die zuständige Stelle gelangt ist. So herrlich für den Angeklagten vorbereitet, gelangt die vielleicht in tatsächlicher und noch mehr in rechtlicher Beziehung äußerst kompliziert liegende Sache zur Hauptverhandlung. Hier kann dann der Einzelrichter, oft ein ganz junger Assessor, eine Gefängnisstrafe bis zu fünf Jahren verhängen.

Und aus welchem inneren Grunde soll diese ganze überhastete, alle sonst für notwendig erachteten Garantien eines geordneten Gerichtsverfahrens außer acht lassende Prozedur zur Anwendung gelangen? Allein aus dem zufälligen und rein äußerlichen Grunde, weil der Angeklagte auf frischer Tat betroffen ist — übrigens ein Rechtsbegriff, der der schärfsten begrifflichen Präzision bedürfen würde, sofern seine Annahme nicht in das völlig subjektive Belieben der Anklagebehörde gelegt werden soll.[19]) In den Kommissionsberichten findet sich nirgends auch nur der Versuch einer Definition.

Noch viel bedenklicher ist es, an die Tatsache des Geständnisses ohne weiteres die Zulassung des summarischen Verfahrens zu knüpfen. Die Kommission denkt sich mit solcher Begeisterung in dasselbe hinein, daß sie es hier für ihre eigenen Arbeiten anwendet und über die von einzelnen Mitgliedern schüchtern vorgebrachten Einwendungen in einem so wilden Tempo hinwegjagt, daß sie sich nicht

---

[19]) Vgl. hierzu Mamroth, Die Gefahren der neuen Novelle zum Gerichtsverfassungsgesetz usw., Breslau 1894, S. 10 ff.

einmal darüber klar wird, daß zu der Beurteilung einer Strafsache oft auch die Lösung sehr schwieriger rechtlicher Zweifelsfragen gehört, sodaß damit, daß der Angeklagte die ihm zur Last gelegten Tatsachen zugibt, der Fall in keiner Weise entschieden und es daher wenig angebracht ist, nur wegen des Zugeständnisses der Tatsachen der Anklage jede Verteidigungsmöglichkeit mit Stumpf und Stiel auszurotten. Mag allenfalls bei den sogenannten gemeinen Verbrechen ein abgekürztes Verfahren im Falle des Geständnisses des Beschuldigten unter Umständen unschädlich sein, so liegt die Sache sofort anders bei allen in das politische oder gewerkschaftliche Gebiet hinübergreifenden Anklagen. Wir wissen, welche außerordentliche Ausdehnung die Auslegung der gesetzlichen Tatbestandsmerkmale gerade bei den hier einschlägigen Delikten erfahren hat, sodaß auch der scharfsinnigste Jurist oft nicht vorauszusehen vermag, ob eine bestimmte Tat als eine durchaus gesetzmäßige von den Gerichten angesehen oder als das niedrigste und gemeinste Delikt gebrandmarkt werden wird, welches das unverfälschte Rechtsbewußtsein des Volkes kennt, als Erpressung. In jener berühmten Entscheidung des Reichsgerichts,[20]) welche den Anfang mit der Anwendung des Erpressungsbegriffs auf die Ausübung des Koalitionsrechts gemacht hat, sind es bekanntlich in erster Linie die von den Arbeitern dem Arbeitgeber gegenüber angenommenen dreisten und herausfordernden Mienen, welche die Grenzlinie zwischen vollkommenem Recht und schwerem Unrecht gezogen haben. Oder man denke an die ungeheuere und ungeahnte Ausdehnung, die der § 153 der Gewerbe-Ordnung im Laufe der Zeit allmählich erfahren hat, bis endlich sogar das Reichsgericht[21]) den letzten Schritt getan hat, ihn auf den von den Arbeitern den Arbeitgebern gegenüber geübten Willenszwang anzuwenden, worin eine Reihe höchster Landesgerichte mit Recht die Bestrafung der Ausübung der Koalitionsfreiheit als solcher erblicken zu müssen vermeinen. Was hat ferner nicht alles die Rechtsprechung als Majestätsbeleidigung, als Aufreizung zum Klassenhaß, als Beschimpfung religiöser Einrichtungen angesehen, oder welche der herrschenden Gewalt scharf gegenübergetretene politische oder gewerkschaftliche Betätigung ist nicht irgendwann und irgendwo einmal als grober Unfug bestraft worden?

In allen diesen Fällen stehen die den Angeklagten zur Last ge-

---

[20]) Bd. 21, S. 119.
[21]) Bd. 36, S. 236 ff.

legten Tatsachen durchaus fest, die rechtliche und soziale Wertung, die ihnen die Anklagebehörde geben will, allein ist es, wogegen sich die Angeklagten mit Energie sträuben. Und wer will hier wirklich den Mut haben, den Propheten zu spielen und vorauszusagen, welche Rechtsauffassung schließlich zum Siege gelangen wird, die des Angeklagten oder die der Anklagebehörde? Denn in allen den vorgenannten und ihnen analogen Fällen sind die Grenzlinien zwischen Recht und Unrecht bis zur vollkommenen Unkenntlichkeit verwischt. Nachdem das gemeine Strafrecht bewiesen hat, daß seine Begriffe einer Ausbeute fähig sind, von denen sich die Schöpfer unseres Strafgesetzbuches keine Vorstellung gemacht haben, ist es eben einfach unmöglich, zu wissen, welche Waffen die Paragraphen unseres Gesetzes hergeben werden.

Die Strafprozeßkommission weiß von diesen tiefernsten Erscheinungen nichts, für sie bietet eine Tat, die der Angeklagte zugibt, keinerlei Schwierigkeiten mehr. Wozu braucht er dann noch Zeit und Möglichkeit, seine Verteidigung vorzubereiten, er ist ja geständig! Nun kann der Einzelrichter ruhig zur Aburteilung schreiten.

Gegen die Flachheit dieser schneidigen Auffassung und ihre Gefährlichkeit hat Binding in der vorerwähnten Schrift mit den durchschlagendsten Argumenten angekämpft und mit bitterem Hohn den Vorschlag gemacht, man möchte doch auch ja nicht die Errichtung gerichtlicher Nachtstationen vergessen, denn wacht der Verbrecher, so muß auch das Gericht wachen, und, ehe der Tag graut, kann dann der Verbrecher seine Strafe zu verbüßen beginnen.

Vielleicht würde sich auch, worauf schon einmal von Bar in der „Nation"[23]) hingewiesen hat, die gesetzliche Einführung der Lynchjustiz empfehlen, sie nimmt noch kürzere Zeit in Anspruch und bietet keineswegs geringere Garantien, als das summarische Verfahren der Kommission, welches, da es alle zu gunsten des Angeklagten und seiner Verteidigung im Laufe der Zeit errungenen Rechte vernichtet, dem Richter die Möglichkeit, ein sachgemäßes Urteil zu fällen, von Grund aus versperrt.

Die Kommission beruft sich für ihre Regelung auf das englische Recht. Allein da, wo die Kommission rechtsvergleichende Betrachtungen anstellt, passiert ihr das Mißgeschick, daß sie sich irrt. So wie sie die Fristen, die das österreichische Recht für die Dauer der Kollusionshaft

---

22) a. O. S. 14 ff.

23) 1895, Nr. 17, S. 240.

kennt, ungenau und unrichtig wiedergibt, so täuscht sie sich auch hier. In Wahrheit verlangt England für die Anwendung des summarischen Verfahrens ausdrücklich die Zustimmung des Angeklagten, womit natürlich der Bestimmung der Stachel genommen ist. Gerade diese entscheidende Voraussetzung aber will die Strafprozeßkommission nicht gelten lassen, im angeblichen Interesse der Würde und der Autorität des Gerichts, welche leere Phrase in den Kommissionsberichten stets herhalten muß, wenn es sich darum handelt, den Angeklagten rechtlos zu stellen und ihm die Möglichkeit der Verteidigung zu nehmen.

Wirkt auch der Begriff des summarischen Verfahrens bei Vergehen mit Rücksicht auf die Höhe der hier in Betracht kommenden Strafen in seiner ganzen Ungerechtigkeit und Härte besonders sinnfällig und abstoßend, so ist es nicht minder gefährlich bei den Übertretungen. Hier ist das Gebiet, auf dem die kleinlichen, polizeilichen Nadelstiche der aufstrebenden Arbeiterbewegung versetzt werden: Von der straffen Heranziehung des Vereinsgesetzes und den Überbleibseln des preußischen Preßgesetzes an bis hinunter zu den Polizeiverordnungen über die äußere Heilighaltung der Sonn- und Feiertage, den sonst ein beschauliches Stillleben führenden, aber im Kampf gegen die Streikposten kräftig erwachenden Straßenpolizeireglements, den Verboten betreffend die Veranstaltung von Kollekten, den Polizeiverordnungen über die Polizeistunde usw. bis ins Unendliche. Alle diese Vorschriften bilden die Mittel und Mittelchen, durch die der Arbeiterbewegung die unsäglichsten Schwierigkeiten von der Polizei gemacht werden, sie alle richten ihre Spitze gegen die Betätigung einer unbequemen, politischen oder gewerkschaftlichen Gesinnung. Nirgends ist daher weniger als auf diesem Gebiete, auf dem, insoweit es sich um Polizeiverordnungen handelt, die Verwaltungsbehörde sogar der einzige gesetzgebende Faktor ist, ein Verfahren angebracht, das nicht mit allen sonst vom Gesetz als notwendig anerkannten Garantien umgeben ist.

Aus diesem Grunde müssen wir uns mit Entschiedenheit gegen den Kommissionsvorschlag wenden, in allen Übertretungssachen die Aburteilung ausnahmslos dem Einzelrichter, ohne Zuziehung von Schöffen, zu übertragen und uneingeschränkt das summarische Verfahren zuzulassen. Wir werden vielmehr im Gegenteil verlangen müssen, daß nicht bloß diese beiden erheblichen Verschlechterungen des geltenden Rechtes unterbleiben, sondern auch daß das allein einer wirklichen Rechtspflege entsprechende Prinzip des Zwanges zur Vernehmung der sämtlichen vom Angeklagten geladenen Zeugen auch auf das Verfahren in Übertretungssachen uneingeschränkte Anwendung findet.

Die Strafprozeßkommission erhofft von der Einführung des summarischen Verfahrens eine Einschränkung der Dauer der Untersuchungshaft. Dieses gewiß erstrebenswerte Ziel läßt sich auf eine leichtere und einfachere Weise erreichen. Die Abkürzung der Untersuchungshaft mit einem tumultuarischen und daher sicherlich zumeist zu ungunsten des Angeklagten ungerechten Urteil zu erkaufen, ist ein zu teurer Einsatz. Selbstverständlich, wenn man nicht untersucht, sondern sofort verurteilt, kann es auch keine Untersuchungshaft geben. In Wahrheit wird diese übrigens trotz der Überhastung des Verfahrens an Dauer kaum verlieren. Denn da sich das deutsche Volk das Recht, sich gegen eine ungerechte Anklage zu wehren, niemals rauben lassen wird, so wird eben die zweite Instanz zur ersten, hier das ganze Verteidigungsmaterial vorgebracht werden und daher das Verfahren in dieser Instanz umso länger währen. Endlich werden es auch garnicht die einfachen Fälle sein, in denen das summarische Verfahren zur Anwendung gelangt. Der ganze schwerfällig und bureaukratisch arbeitende, sehr zum Vorteil der Gerechtigkeit auf Beschleunigung nicht zugeschnittene Geschäftsgang unserer Staatsanwaltschaften und Gerichte wird dahin führen, daß in normalen Zeiten und in normalen Fällen diese ganze Prozedur auf dem Papier stehen wird. Man kann dies schon aus dem geltenden Recht schließen, das bereits in beschränktem Maße ein solches Verfahren kennt, ohne daß es jemals in irgendwie nennenswertem Umfange zur Anwendung gebracht worden ist. Um so üppiger aber wird es in politisch oder wirtschaftlich erregten Zeiten emporschießen und seine zersetzende, jede sorgfältige Erforschung der objektiven Wahrheit zerstörende Wirkung ausüben gegen einen Redner, der ein voreiliges Wort spricht, einen Redakteur, der eine unvorsichtige Wendung gebraucht, einen Flugblattverteiler, einen Gewerkschaftsführer, der sich in einer Versammlung für die Proklamierung eines Streiks ausspricht, einen Streikposten, der Arbeitswillige auf das Bestehen eines Streiks aufmerksam macht usw.

Hamm nennt in der Juristenzeitung a. a. O. die von der Kommission angeregte Regelung die „glücklichste" Lösung, welche die abschreckende Wirkung der Strafe erhöhen werde. Richtiger würde man wohl von der abschreckenden Wirkung des in Vorschlag gebrachten deutschen Strafverfahrens sprechen, das jede unbequeme politische oder gewerkschaftliche Betätigung zu verhindern geeignet ist.

Was Umsturz- und Zuchthausvorlage nicht vermochten, sucht die Kommission auf dem Umwege des Strafprozesses zu erreichen. Vor dieser Art Energie bewahrt zu werden, daran sind, wie Binding bereits im Jahre 1895 hervorgehoben[24]) hat, Schuldige und Schuldlose gleich interessiert.

Das Geschworenengericht.

Dem Geschworenengericht will die Kommission den Garaus machen und es durch große Schöffengerichte ersetzen. „Eine kräftige und kühne Tat", so ruft Lindenberg[25]) in der deutschen Juristenzeitung aus, die sicher den Beifall der meisten deutschen Juristen haben wird. Unter den Kennern „des Schwurgerichts werden sich wenige finden, die nicht von seiner Entbehrlichkeit überzeugt sind." Zu den Juristen, von denen in diesen Worten die Rede ist, gehört die Rechtsanwaltschaft ganz sicherlich nicht. Ihre Mehrheit dürfte der Beseitigung der Geschworenengerichte mit Entschiedenheit widersprechen. Und in noch viel höherem Grade gilt dies von dem deutschen Volk, zwischen dessen Rechtsempfinden und den Ansichten der von Lindenberg gemeinten Juristen längst eine tiefe Kluft gähnt. Sie auszufüllen sollte nach den Motiven des Entwurfs von 1894 der Zweck der ganzen Reform sein. Und was tut die Strafprozeßkommission? Sie erweitert diese Kluft überall, anstatt sie zu überbrücken.

Die Gründe, welche die Kommission für die Beseitigung des Schwurgerichts geltend macht, sind insbesondere, daß die Parteien das Recht haben, bis zu einer bestimmten Grenze ein Ablehnungsrecht auszuüben, daß ferner das Gericht in zwei getrennte Organe, Gerichtshof und Geschworene, gespalten sei, welche keine Fühlung miteinander hätten und sich gegenseitig nicht verständen, sowie endlich, daß der Wahrspruch der Geschworenen mit Gründen nicht versehen sei.

Auf eine Widerlegung dieser Argumente braucht angesichts der ausgezeichneten, in der Literatur bei weitem nicht genug gewürdigten

---

24) a. O. S. 16.

25) Nr. 13 vom 1. Juli 1905, S. 616.

Ausführungen **Birkmeyers**[26]) nicht eingegangen zu werden. Einen neuen, wissenschaftlich fundierten, von **Birkmeyer** nicht bereits widerlegten Gedanken finden wir hier so wenig, wie an irgend einer andern Stelle der zweibändigen Kommissionsberichte.

Zugegeben soll der Kommission werden, daß die Teilung des Gerichts in zwei getrennte Organe, von denen das eine über die Schuld-, das andere über die Straffrage entscheidet, die Fragestellung, die Rechtsbelehrung und manche andere Eigentümlichkeit des schwurgerichtlichen Verfahrens, eine recht komplizierte und vom rein **theoretischen** Standpunkt aus mit den billigsten Gründen und unter Aufwendung von wenig Geist angreifbare Regelung ist.

In der **Praxis** aber liegt der ungeheure Vorteil des Schwurgerichts darin, daß es das einzige Gericht ist, bei dem wir wenigstens bis zu einem gewissen Grade eine wirklich mündliche und unmittelbare Verhandlung haben. In allen anderen Fällen haben sich Vorsitzender und Referent ein festes Bild von der Sache aus den Akten gemacht, diese werden mit in das Beratungszimmer genommen und beeinflussen das Gericht in außerordentlichem Maße. Hiermit soll kein Vorwurf gegen den guten Willen der Richter erhoben werden. Einem solchen ließe sich durch die Heranziehung besserer Kräfte abhelfen. Der Fehler ist aber ein irreparabler, so lange man an dem schriftlichen Vorverfahren festhält. Unser Gesetz traut — ganz ohne Grund — seinen Strafrichtern nicht zu, ohne Akten zu verhandeln, obwohl der Zivilprozeß und das Verfahren in den in tatsächlicher Beziehung oft überaus verwickelt liegenden Privatklagen beweisen, daß der Richter sehr wohl imstande ist, auch ohne im Vorverfahren aufgenommene Protokolle Zeugen zu vernehmen und die Verhandlung sachgemäß zu führen. Mag auch unser Privatklageverfahren Mängel aller Art haben, der Fehler wird sich mit Grund nicht behaupten lassen, daß das Nichtvorliegen von Protokollen die Rechtsfindung hier erschwert. Dies ist bei uns so wenig der Fall wie im Auslande. In der österreichischen Enquete-Kommission über die Voruntersuchung (Juristische Blätter vom 11. Januar 1903) wies einer der Experten zutreffend darauf hin, daß die in Österreich sich zum Teil sogar vor dem Schwurgericht abspielenden Ehrenbeleidigungssachen die schwierigsten Tatbestände

---

[26]) Deutsches Strafprozeßrecht, §§ 39 bis 41. S. auch **Mittermaier**, Monatsschrift für Kriminalpsychologie und Strafrechtsreform. Aprilheft 1905, S. 1 ff.

liefern, daß hier keine Spur einer Voruntersuchung stattfindet, und dennoch die Verhandlungen dem Schwurgericht ein vollkommen klares Bild der Sachlage zu bieten vermögen. Der Experte erwähnt weiter, daß die Voruntersuchung nur deshalb alles dem Verhandlungsrichter bringen muß, weil dieser keine Zeit zum Verhandeln hat.

Die Strafprozeßkommission teilt die pessimistische Ansicht unseres geltenden Rechts. Sie erklärt es für ganz undenkbar, daß der Vorsitzende ohne jede protokollarische Unterlage imstande sein werde, die Hauptverhandlung sachgemäß zu leiten. Was ist nun natürlicher, als daß der Vorsitzende sich von der Ansicht, die er sich nach sorgfältigem Studium aus den Akten gebildet hat, nicht losmachen kann, daß Angeklagte und Zeugen, die schematisch in Gemäßheit des Akteninhalts gefragt werden, so aussagen, wie sie im Vorverfahren ausgesagt haben, um sich nicht dem Verdachte der Unwahrheit auszusetzen, und daß jede neue, der vorgefaßten Meinung widersprechende Tatsache mit Mißtrauen betrachtet und als störendes Element empfunden wird.

Dieser Mangel tritt im Verfahren vor dem Geschworenengericht weit weniger grell zu Tage. Die Geschworenen haben die Akten nicht gesehen, sie dürfen sie nicht in das Beratungszimmer hineinnehmen, und vor allem, es ist im Gegensatz zu dem großen Schöffengericht, bei dem Richter und Laien gemeinsam beraten, niemand da, der ihnen Mitteilungen aus den Akten machen kann. Allerdings verschwinden auch vor dem Schwurgericht die Schatten des Vorverfahrens nicht gänzlich. Es bleiben die Vorhaltungen des Vorsitzenden an Angeklagte und Zeugen aus den Akten. Aber da die Geschworenen aus diesen immer nur winzige Teile erfahren, und dies *unter steter Kontrolle des Angeklagten*, welcher möglicherweise sofort Gegenbeweis gegen die Richtigkeit des Akteninhaltes antreten kann, so bleibt hier der frische, unmittelbare Eindruck der Hauptverhandlung der entscheidende. Diese kann wenigstens niemals zu einer lediglich theatralisch herausgeputzten Wiederholung schon festgestellter Ergebnisse herabsinken.

Müssen wir uns aus diesem Grunde schon, so lange die Protokolle des schriftlichen Vorverfahrens die feste Grundlage des ganzen Verfahrens bilden, der Beseitigung des Schwurgerichts mit Entschiedenheit widersetzen, so gilt dies in noch höherem Grade, wenn wir uns klar werden, daß diese Ergebnisse des Vorverfahrens in ganz einseitiger Weise festgestellt, daß sie gewonnen sind in einem Verfahren, in dem der Angeklagte ausgeschlossen und jeder Verteidigungsmöglichkeit beraubt war. Dieser Zustand nun ist von der Strafprozeßkommission noch erheblich verschlimmert, sie führt uns tiefer noch, wie oben gezeigt ist, in den Inquisitionsprozeß in seiner entartetsten Gestalt hinein. Für eine Strafprozeßordnung, die mit dem Angeklagten vorzuenthaltenden, geheimen dossiers operiert, paßt allerdings das Geschworenengericht nicht, mit dessen Verfahren unter allen Umständen ein größeres Maß von Öffentlichkeit, Gründlichkeit und eine würdige Stellung der Verteidigung verbunden ist.[27]) Wer es aber ernst mit der Rechtssicherheit des Volkes nimmt, dürfte gerade mit Rücksicht auf die von der Kommission vorgeschlagene Verschärfung des inquisitorischen Charakters unseres Prozeßrechts die Beibehaltung des Schwurgerichts, ja die Erweiterung seiner Zuständigkeit für alle politischen Delikte für geboten erachten.

Die Kommission fährt aber noch schwereres Geschütz auf. Ihre temperamentlose, jedes persönlichen Tones bare Darstellungsform erhebt sich plötzlich zu hohem Pathos, zu dem leidenschaftlichen Ausruf, daß die Schwurgerichte, wenn die Sprüche der Geschworenenbank mit Gründen versehen werden müßten, von der allgemeinen Empörung des Volkes — diesen Ausdruck brauchen praktische Juristen von einer ganzen Kategorie hoher Gerichte — schon längst beseitigt sein würden. Dieser Vorwurf läßt sich nicht widerlegen, da er mit einer unbekannten Größe operiert. Wir dagegen können mit realen Tatsachen aufwarten und fragen, ob nicht tagtäglich die Klage lauter wird, daß die mit Gründen versehenen Urteile der gelehrten Gerichte oft das Rechtsgefühl weiter Volkskreise tief verletzen, daß sie eine unüberbrückbare Kluft zwischen Volksrecht und Juristenrecht schaffen und das Strafrecht, in dem die einfachsten, gemeinverständlichsten Begriffe herrschen sollten, zur Domäne formalistischer Klügeleien machen, so daß bisweilen der bereits durch die Verfassungsurkunden gewährleistete Grundsatz: „Keine Strafe ohne Gesetz" außer Kraft gesetzt zu sein scheint?

Wohin dies Verfahren in politischen Prozessen geführt hat, das ist so oft ausgesprochen werden, daß die Wiederholung fast lästig wird. Aber da die Kommisson die Urteile der Geschworenengerichte, sofern man deren Motive kennen würde, als der Empörung des Volkes preisgegeben erachtet, so wird man fragen dürfen, ob die Kommission es denn für eine volkstümliche Rechtsprechung hält, wenn die organisierten

---

[27]) Vgl. hierzu Mittermaier a. O. S. 13.

Arbeiter, welche für den Fall der Nichtentlassung der unorganisierten Arbeiter mit Arbeitsniederlegung drohen, unter Billigung des Reichsgerichts wegen Erpressung verurteilt werden? Ist es wirklich so abwegig, wenn die Angeklagten erklären, daß sie nicht einen Augenblick an eine Bereicherung ihrer Verbandskasse gedacht haben, daß vielmehr lediglich ihre bei anderen Klassen so hoch im Werte stehende Standesehre ihnen nicht gestattet habe, mit Leuten, die ihnen nach ihrer Ansicht unlauteren Wettbewerb machten, zusammenzuarbeiten? Es dürfte wenige Menschen außerhalb der juristischen Fachkreise geben, die diesem Einwand den Glauben versagen. — Auf gleicher Linie steht die Behandlung des Streikpostenstehens. Das Reichsgericht erklärt, es sei gestattet, als im Wesen des Koalitionsrechts liegend. Der durch die Streikposten an seinem Geldbeutel geschädigte Unternehmer schickt zur Polizei, welche die Entfernung der Streikposten im Interesse der allgemeinen Sicherheit für geboten erachtet, obwohl bisher keine Ruhestörung vorgekommen ist. Wer sich nicht sofort entfernt, erhält das übliche Strafmandat. Das Kammergericht billigt in jetzt konsequent festgehaltener Rechtsprechung den Erlaß des Strafbefehls, da das Gericht die Notwendigkeit oder Zweckmäßigkeit der polizeilichen Anordnung nicht nachzuprüfen habe. Dem bescheidenen Laienverstand des Arbeiters will diese Rechtsprechung nicht einleuchten, er fühlt nur immer am eigenen Leib, daß, so oft er von dem ihm in der Theorie eingeräumten Recht praktischen Gebrauch macht, er bestraft wird. Wen sein Beruf mit den Kreisen der von dieser Judikatur Betroffenen zusammenführt, der wird mir beistimmen, daß nichts in den letzten Jahren das Rechtsempfinden der arbeitenden Klassen stärker erschüttert hat, als diese sich ständig wiederholende Rechtsprechung in diesen kleinen Sachen. Der Reichstag lehnte das in der sogenannten Zuchthausvorlage ausgesprochene Verbot des Streikpostenstehens ab, weil er den offenen Weg einer einseitigen Unterdrückungsgesetzgebung zu betreten sich scheute. Der durch die Annahme dieses rechtsgültig zu stande gekommenen Gesetzes angerichtete Schaden aber wäre verschwindend klein gewesen gegenüber dem jetzigen Rechtszustand, der jedem Schutzmann durch sein der Kontrolle der Gerichte entzogenes: „Sic volo, sic jubeo“ ausnahmslos das Recht gewährt, ein Reichsgesetz außer Kraft zu setzen.

Und endlich ein letztes Beispiel: Wenn das Reichsgericht nach § 153 der Gewerbeordnung nicht bloß den gegen den Genossen im Lohnkampf gerichteten Terrorismus bestraft, sondern auch die Einwirkung gegen den auf der andern Seite der Lohnbewegung Stehenden, so fragt man erstaunt: Ist denn damit nicht die Teilnahme am Streik überhaupt unter Strafe gestellt, da doch gerade darin sein Wesen besteht, den Arbeitgeber unter Androhung von Vermögensnachteilen zu veranlassen, die von den Streikenden erstrebte Verbesserung ihrer wirtschaftlichen Lage ihnen zuzubilligen?

Solche vom Volksbewußtsein, dem die haarscharfe juristische Dialektik fernliegt, nicht verstandenen[28]) Urteile haben wir vom Schwurgericht nicht zu erwarten, und wenn Lindenberg in seinem oben erwähnten Artikel in der Juristenzeitung davon spricht, daß der Ersatz des Geschworenengerichts durch das große Schöffengericht dazu führen werde, daß nunmehr die Laien unter sachkundiger Leitung den ganzen Rechtsfall bis in seine kleinsten Verzweigungen erfassen und erwägen, so werden wir wahrlich nach den angeführten Proben diesen Zustand als durchaus unerwünscht anzusehen haben und die sachkundige Leitung sehr gern entbehren. Ganz im Gegenteil muß die Erweiterung der schwurgerichtlichen Kompetenz das Ziel sein. Warum, so hat Mittelstädt einmal in der „Zukunft" mit Recht gefragt, sind in Bayern die politischen Prozesse soviel spärlicher gesät, als in Preußen? Wesentlich aus dem Grunde, weil alle eigentlichen Preßdelikte, die ja fast ausnahmslos politischen Charakter an sich tragen, dort zur schwurgerichtlichen Kompetenz gehören und dies den Staatsanwälten die Lust verleidet, zweifelhafte Fälle ohne Not strafgerichtlich zu verfolgen.

Alle diese Vorzüge des Schwurgerichts beruhen darauf, daß die Laienrichter bei Prüfung der Schuldfrage auf sich allein angewiesen sind. Sie fallen daher fort, sobald der juristisch vorgebildete, mit dem Akteninhalt vertraute Vorsitzende ihre Beratungen leitet. Ein näheres Eingehen hierauf erübrigt sich, nachdem Rechtsanwalt Heine[29]) in einem soeben erschienenen Aufsatz die mit den Schöffengerichten gemachten Erfahrungen kritisch erörtert hat, die fast jeder Praktiker bestätigen wird, dessen Ziel nicht die Beseitigung des Wesens der Laienrechtsprechung ist. Heine hat durchaus Recht[30]), wenn er

---

[28]) Die Anführung weiterer Beispiele erübrigt sich angesichts der Ausführungen bei Zimmermann „Gerechtigkeit", Soziale Praxis Nr. 20, 21 und 22 von 1904. Diese Artikel verdienen die größte Beachtung.

[29]) Sozialistische Monatshefte, November 1905, S. 938 ff.

[30]) a. O. S. 944.

ausführt, daß die Selbständigkeit der Nichtberufsrichter bei der Zusammenkoppelung von Laien und Juristen in den Schöffengerichten unfehlbar verloren geht und daß die Sprüche der Schöffengerichte fast immer die Art des Vorsitzenden wiederspiegeln. „Ist der Richter mild, so haben die Schöffen nichts dawider. Gelangt aber die Schöffenabteilung plötzlich unter den Vorsitz eines der Herren, die sich in hohen Strafmaßen nicht genug tun können, so pflegen die Schöffen fast ausnahmslos mitzugehen. Dasselbe gilt, wenn der Richter es liebt, in ungewöhnlicher Weise von der Untersuchungshaft Gebrauch zu machen.“ Auch darin ist Heine vollkommen beizustimmen, daß die Schöffengerichte auf dem Gebiete des Schutzes der politischen Rechte fast absolut versagt haben. „Auch hier zeigen die praktischen Erfahrungen, daß zum Beispiel bei den lächerlichen und gehässigen Anklagen wegen groben Unfugs, Streikpostenstehens, wegen Flugblattverbreitens, Kollektierens usw. die Schöffen fast regelmäßig mit dem Richter gegangen sind. Sie sprachen frei, wo dieser freisprechen wollte, und verurteilten, wo dieser es tat.“ Diese Behauptung vermag ich voll und ganz zu bestätigen. Es sei nur ein Beispiel angeführt. Beim Amtsgericht I Berlin werden die Übertretungen vor 6 Schöffenabteilungen verhandelt, je nach dem Anfangsbuchstaben des Namens des Angeklagten. Solange nun das Kammergericht, was erst seit etwa einem Jahre der Fall ist, den Standpunkt noch nicht einnahm, daß der dem Schutzmann ungehorsame Streikposten unter allen Umständen zu bestrafen und daher jedes freisprechende Urteil aufzuheben sei, war mit absoluter Sicherheit vorauszusagen, bei welcher der 6 Schöffenabteilungen ein Streikposten verurteilt und bei welcher er freigesprochen wurde. Darüber entschied lediglich der rechtliche und sozialpolitische Standpunkt des Vorsitzenden. In hunderten von Anklagen dieser Art habe ich nicht einen Fall erlebt, in dem das Urteil eine von der mir genau bekannten Ansicht des Vorsitzenden abweichende Meinung vertrat.

Und **nur**, weil man dies genau weiß, weil jeder Tag den Beweis liefert, daß die Schöffen selten unbequem werden und das Standesbewußtsein des Berufsjuristen nur ganz ausnahmsweise verletzen, nimmt man gern, um das Schwurgericht los zu werden, Schöffengerichte überall in den Kauf. Ist man sich doch keinen Augenblick im Unklaren, daß bei diesem System, um mit Birkmeyer zu reden, die Schöffen gleich den Schöppen der Carolina zu bloßen Horchern und Jasagern herabsinken.

Es kommt endlich noch hinzu, worauf Mittermaier[31]) und Heine[32]) sehr zutreffend hinweisen, daß es in jedem Falle ein Trugschluß ist, die angeblich guten Erfahrungen, die man mit dem heutigen Schöffengericht gemacht hat, ohne weiteres auf das große Schöffengericht zu übertragen und daraus zu schließen, daß Schöffen nun auch in einem höheren Gericht gegenüber einer Mehrzahl von Juristen noch wirklichen Nutzen stiften und ihre Selbständigkeit bewahren können. Die sehr tief in das Problem eindringenden Erörterungen dieser Schriftsteller verdienen volle Beachtung und liefern den Beweis, daß wer, wie Lindenberg a. O., mit einigen höhnenden Worten, das „Weltinstitut" des Schwurgerichts habe „abgewirtschaftet", die Frage gelöst oder auch nur gefördert zu haben glaubt, sich recht sehr im Irrtum befindet.

An der Richtigkeit des im Vorstehenden Ausgeführten wird auch durch die Erkenntnis nichts geändert, daß die Geschworenen, insbesondere in politisch erregten Zeiten, Urteile fällen können, die dem Rechtsgefühl und den Vorurteilen der Klasse entsprechen, der sie angehören. Solche Urteile beweisen nichts gegen die Laiengerichte als solche, sondern nur etwas gegen die einseitige Art ihrer Zusammensetzung. Hier liegt der entscheidende Punkt, an dem jede Reform einsetzen muß. Es sollte durch zwingende Vorschriften verhindert werden, daß die Behörden wie bisher in der Lage sind, nach ihrem Belieben die Geschworenen lediglich aus den Angehörigen bestimmter Kreise auszuwählen, insbesondere aus dem Leben des Volkes fernstehenden Männern, wie Rentiers, pensionierten Beamten und Offizieren. Neuerdings beginnen übrigens die Verwaltungsbehörden in erfreulicher Weise hier Wandel zu schaffen. Die Strafprozeßkommission erkennt auch an, daß z. B. der Arbeiterstand auf andern Gebieten der staatlichen und kommunalen Verwaltung vielfach reges Interesse und großes Verständnis für die ihm zugewiesene Aufgabe gezeigt habe. Daß es aber bei dieser platonischen Liebeserklärung bleibt und keinerlei Bestimmungen vorgeschlagen werden, welche dem gewerblichen Arbeiterstand das Recht der Zuziehung als Laienrichter sichern, versteht sich bei dem Charakter der Kommissionsbeschlüsse von selbst.

---

[31]) a. O. S. 13 ff.
[32]) a. O. S. 944.

Die Berufung.

Für alle im Vorstehenden erwähnten Maßregeln, von denen eine jede die Möglichkeit einer richtigen Rechtsfindung erschwert und die Strafjustiz verschlechtert, soll ein Ersatz durch die konsequent durchgeführte Berufung geschaffen werden. Allein ihre Einführung — dies läßt sich schon heute mit aller Bestimmtheit voraussagen — wird ihren Zweck, die Unzufriedenheit des Volkes mit der Kriminaljustiz zu beseitigen, nicht erfüllen. Dies wird schon deshalb nicht der Fall sein, weil die Regierungen nicht darauf verzichten, auch der Anklagebehörde das Rechtsmittel zu gewähren, so daß der in erster Instanz Freigesprochene von dem Berufungsgericht verurteilt werden kann. Welche wirkliche Garantie aber ist gegen Fehlsprüche zum Nachteile des Angeklagten gegeben, wenn, obwohl so begründete Zweifel an dessen Schuld bestanden, daß ein Gericht sogar zu seiner Freisprechung gelangt ist, der Angeklagte schließlich verurteilt wird und verurteilt bleibt, und zwar auf Grund der Verhandlung vor einem Gericht, das auf ein veralteteres und darum unzureichenderes Material angewiesen ist, als die erste Instanz. Und nun gar das Strafmaß! Auch hier wird die Berufung, da sie auch der Staatsanwalt einlegen darf, für den Angeklagten oft ein überaus zweischneidiges Schwert sein.

Wenn dennoch eine breite Volksströmung in der Einführung der Berufung eine Förderung der Ermittelung materieller Wahrheit und damit der Gerechtigkeit erblickt, so geschieht dies nur deshalb, weil unser Prozeßverfahren bis zu dem Moment des Beginns der Hauptverhandlung tief im mittelalterlichen Inquisitionsverfahren steckt. Bis zur Hauptverhandlung ist der Angeklagte ausschließlich das rechtlose Objekt der Untersuchung, nicht der Träger von Rechten. Erst die Hauptverhandlung informiert ihn oft über das, was er eigentlich verbrochen haben soll, erst aus den Entscheidungsgründen ersieht er, welche Tatsachen und Beweismittel er zur Erhärtung seiner Unschuld oder zur Erzielung eines geringeren Strafmaßes hätte vorbringen müssen.

Die Berufung ist also ein Notbehelf, um die Schäden des geheimen inquisitorischen Vorverfahrens einigermaßen wieder gut zu machen, und von diesem Standpunkt aus mag man sich mit ihr befreunden, zumal die Kommission, wie an einigen eklatanten Beispielen zu zeigen versucht ist, den inquisitorischen Charakter des Vorverfahrens, sobald man den scheinbar dem Angeklagten wohlwollenden Vorschlägen die Maske herunterreißt, auf das äußerste verschärft.

In Wahrheit jedoch gibt die Kommission dem Angeklagten gar nicht einmal das Rechtsmittel der Berufung, sie kennt nur das Zerrbild einer solchen. Da, wo in unserm geltenden Recht sich die Berufung findet, besteht, abgesehen von den Privatklagen und den Übertretungen, für das Gericht ein Zwang zur Vernehmung der vom Angeklagten geladenen Zeugen. Die Kommission wirft auch für das Berufungsverfahren, gleich den Vorschriften für die erste Instanz, diese wohlerwogene, vom Gesetz zum Schutz des Angeklagten gegen Willkür gedachte Bestimmung zum alten Eisen, so daß dem Angeklagten zwar formell zwei Instanzen zur Verfügung stehen, er aber in Wirklichkeit in keiner der beiden die Vernehmung der von ihm für erheblich erachteten Zeugen und Sachverständigen durchzusetzen vermag. Treten aber an Stelle der bisherigen gut organisierten einen Hauptverhandlung zwei mangelhaft organisierte, so wird damit natürlich die rechtliche Stellung des Angeklagten verschlechtert.

Es kommt aber noch weiter hinzu: Jede Berufung wird nur dann dem dem Rechtsgrundsatz: „In dubio pro reo" zu grunde liegenden Gedanken gerecht, wenn sie lediglich zu gunsten des Verurteilten, nicht zum Nachteil des Freigesprochenen eingelegt werden darf. Ausschließlich in dieser Gestalt kannte denn auch der gemeine Strafprozeß die Berufung. Und nur zu gunsten des Angeklagten, nach dem Vorbild des Artikels 338 der Strafprozeßordnung für das Königreich Sachsen von 1855, wollte sie, wenn es nun doch einmal eine Berufung geben soll, von Schwarze zulassen, — ein Name, dessen bloße Erwähnung im Vergleich zur heutigen Strafprozeßkommission zeigt, bis zu welchem nicht mehr zu übertreffenden Tiefstand in der Lösung gesetzgeberischer Aufgaben wir gelangt sind.

Daß die Strafprozeßkommission der Staatsanwaltschaft das Recht auf Anfechtung eines jeden Urteils zu ungunsten des Angeklagten gewährt, sowohl was die Schuld-, als auch was die Straffrage anbelangt, versteht sich bei den Tendenzen der Kommission von selbst und würde garnicht erst der Erwähnung bedürfen.

Die Kommission geht aber noch weiter und bestimmt, daß der Staatsanwalt, wenn der Angeklagte Berufung eingelegt hat, auch nach Ablauf der Berufungsfrist seinerseits Anschlußberufung einlegen darf, um eine härtere Bestrafung des Angeklagten zu erzielen. Die Anschlußberufung verliert ihre Wirkung, wenn die Berufung zurückgenommen wird. Dieser von der Kommission einstimmig angenommene, von Lindenberg in der Deutschen Juristenzeitung a. O. als „trefflich" bezeichnete Vorschlag kann in seiner ganzen verletzenden Häßlichkeit und Kleinlichkeit nicht scharf genug gegeißelt werden. Der Zweck der Vorschrift soll nach den Kommissionsbeschlüssen sein, zu verhindern, daß das Gericht mit unbegründeten Berufungen befaßt werde. Wisse der Angeklagte, daß auch nach Ablauf der Berufungsfrist von der Staatsanwaltschaft noch Anschlußberufung eingelegt werden könne, und er dadurch der Gefahr schärferer Bestrafung ausgesetzt sei, so werde er von der Einlegung einer leichtfertigen Berufung abgehalten werden.

Wer sich auch nur einen Augenblick in die Seele des Angeklagten, in die der Verurteilung mit Notwendigkeit folgende Gedrücktheit seines Gemütszustandes versetzt, muß die Ausübung eines solchen Willenszwanges auf den Angeklagten entschieden verurteilen, zumal doch wahrlich in zahllosen Fällen die Frage, ob eine Berufung Erfolg haben werde oder nicht, von niemanden vorausgesagt werden kann. Dies wird sogar stets vom Strafmaß gelten, für welche, wie von Liszt treffend sagt, im Einzelfall „örtliche Überlieferungen, persönliche Anschauungen, Zufälle aller Art, nicht aber feste Grundsätze" maßgebend sind.[33])

Und bei dieser Sachlage soll der Angeklagte bis zur Fällung des Urteils in Todesängsten zaudern und schwanken müssen, ob er seine Berufung aufrechterhalten oder nicht lieber zurücknehmen solle, da ja möglicherweise im ersteren Falle das Gericht auch auf eine höhere Strafe erkennen könne? Dies ist ein völlig unerträglicher Zustand, der den Angeklagten leicht auch von der Einlegung einer durchaus gerechtfertigten Berufung abzuhalten vermag. — Und ebenso wie der Zweck, ist auch das Mittel, mit dem nach den Vorschlägen der Kommission auf den Willensentschluß des Angeklagten eingewirkt werden soll, ein durchaus zu verurteilendes. Der Staatsanwalt hat dadurch, daß er innerhalb der Frist Berufung nicht eingelegt hat, anerkannt, daß seiner Ansicht nach das Urteil ein gerechtes ist. Trotzdem soll er das von ihm selbst als richtig angesehene Urteil anfechten

---

[33]) Strafrechtliche Aufsätze und Vorträge S. 332.

dürfen, sei es als Strafe dafür, daß der Angeklagte eine unbegründete Berufung eingelegt hat, sei es um diesen zur Rücknahme des Rechtsmittels zu bewegen, gleichsam als ob wir es hier mit einem zivilrechtlichen Ausgleich zwischen zwei Privatparteien zu tun haben. Und selbst da perhorresziert die neueste Gesetzgebung einen solchen Handel als häßlichen Schacher. Das Gesetz vom 5. Juni 1905 betreffend Änderungen der Zivilprozeßordnung gibt selbst im Zivilprozeß nach § 556 dem Revisionsbeklagten nur bis zum Ablauf der Revisionsrechtfertigungsfrist das Recht auf Anschlußrevision. Man wird hiernach in der Hoffnung nicht fehlgehen, daß die verbündeten Regierungen den „trefflichen" Vorschlag der Kommission als nicht anständig und des Staates nicht würdig zurückweisen werden.

Eine Berufung in der von der Kommission vorgeschlagenen Gestalt ist völlig unannehmbar. Die Beseitigung des durch keinen richterlichen Machtspruch zu beschränkenden Anspruchs des Angeklagten auf Vernehmung der von ihm geladenen Zeugen und Sachverständigen insbesondere wiegt alle Garantien auf, die eine Berufung überhaupt zu geben vermag, und macht die Berufungsverhandlung selbst völlig wertlos.

Schluß.

Der Raum gestattet es nicht, der Kommission überall hin zu folgen, wo es ihrer Findigkeit gelungen ist, Rechte in unserer Strafprozeßordnung zu entdecken, die dem Angeklagten noch genommen werden können. Hierhin gehören z. B. die Erschwerung der Wiederaufnahme des Verfahrens und die Einschränkung der Grundsätze über die Öffentlichkeit. Von dem Versuch, neue große legislatorische Gedanken zu verwirklichen oder in ernster wissenschaftlicher Weise als nicht zweckentsprechend zurückzuweisen, ist völlig Abstand genommen. So wird als wesentliches Argument gegen die bedingte Verurteilung ins Feld geführt, daß der Richter aus der mündlichen Verhandlung zwar die Tat, aber nicht den Täter so genau kennen lerne, daß er in der Lage sei, zu entscheiden, ob Milde besser angebracht sei oder strenger Strafvollzug. „In vielen Fällen gewähre die Hauptverhandlnng sogar ein ganz falsches Bild von dem Angeklagten, indem sie den durch die Feierlichkeit der Verhandlung Befangenen als verstockt erscheinen lasse, dem raffinierten Verbrecher aber Gelegenheit gebe, durch scheinbare Reue die Richter, insbesondere die Laienrichter, zu täuschen."

Daß mit diesen Ausführungen — ihre Richtigkeit vorausgesetzt — der richterlichen Strafzumessung überhaupt das Todesurteil gesprochen sein würde, scheint die Kommission nicht bedacht zu habeu. Allein diese Betrachtung geht über den Rahmen der gegenwärtigen Erörterung hinaus. Dagegen ist hier der krasse Widerspruch hervorzuheben, daß dieselbe Kommission, welche auch bei einer voll erschöpfenden Beweisaufnahme dem Gericht die Fähigkeit aberkennt, ein zutreffendes Bild von dem Angeklagten zu gewinnen, eben diesem Gericht die Befugnis verleihen will, die Erhebung der ihm vom Angeklagten zur Erlangung dieses richtigen Bildes vorgeführten Beweise als unerheblich zurückzuweisen. Das Eingeständnis der Kommission ist das treffsicherste Argument für die Beibehaltung des § 244 unserer Strafprozeßordnung. Die von der Kommission aufgestellte Behauptung ist gewiß übertrieben und unrichtig. Interessant nur ist es, daß da, wo es sich um die Verleihung eines Rechtes an den Angeklagten handelt, die angebliche richterliche Impotenz herhalten muß, um dieses Recht zu versagen, daß dagegen überall da, wo die Selbständigkeit des Angeklagten gegenüber der richterlichen Übermacht in Frage steht, das Leiden der Würde und des Ansehens des Gerichts die Einengung der Rechtstellung des Angeklagten rechtfertigen soll.

Auch die Frage des Zeugnisverweigerungsrechtes der Redakteure ist durch die Kommissionsberatungen in keiner Weise gefördert. So intensiv das Beichtgeheimnis geschützt wird, die langen Erörterungen über das Zeugnisverweigerungsrecht der Presse und der im Anschluß daran gemachte gesetzgeberische Vorschlag enthalten lediglich eine Wiederholung dessen, was heute schon geltendes Recht ist. Dic unwürdige Preisgebung des Redaktionsgeheimnisses kann hiernach in ganz derselben Weise wie bisher erzwungen werden.

Einen Vorteil werden allerdings die Arbeiten der Kommission haben. Sie werden die oft ungerechten Angriffe auf unsere im wesentlichen nur hinsichtlich des Vorverfahrens und der Regelung der Untersuchungshaft verbesserungsbedürftige Strafprozeßordnung zum Schweigen bringen. Vergleicht man diese mit den Vorschlägen der Kommission, so lernt man nicht nur die weise Herrschaft unseres geltenden Rechts über die technischen Mittel schätzen, wenn dieses richtig gehandhabt wird, sondern man erkennt auch, wie viel der Verteidigungsmöglichkeiten in ihm stecken, die mit plumper Hand verständnislos geraubt werden können. Das, was Binding[34]) einst von dem Schellingschen Entwurf schrieb, daß er alle Vorzüge Friedbergscher Gedankenarbeit in das Gegenteil verkehre, unverbesserlich sei und daher schlechtweg ohne jede Amendierungsversuche abgelehnt werden müsse, gilt in noch viel höherem Maße von der unser geltendes Recht unheilbar verschlechternden Arbeit der Strafprozeßkommission.

[34]) a. O. S. 3.

Druck von Leonhard Simion Nf. in Berlin SW.

FSC
www.fsc.org
MIX
Papier | Fördert gute Waldnutzung
FSC® C083411

Kolibri 360 GmbH
Ferdinand-Jühlke-Straße 7
99095 Erfurt, Deutschland
produktsicherheit@kolibri360.de